한국춘란의 신 배양법

난산별곡

청산에 우리난초 지음

JINSAEM 진샘미디어

CONTENTS

주홍화

제1부 난

CONTENTS

1 난(Orchid)이란?

Orchid란 그리스어로 고환이라는 뜻으로 위구경(벌브)이 남성의 고환을 닮았다고 붙여진 이름으로써, 지금은 식물 분류학상 난과 식물군을 총칭하는 말로 널리 사용되고 있다. 이 책에서는 심비디움속의 동양란과 춘란에 대하여 다루기로 한다. 심비디움이란 희랍어의 Cymbe 즉 "배모양"이라는 뜻으로 난의 설판이 마치 배모양으로 생겼다고 해서 붙여진 이름이다. 한국춘란의 정식 학명은 Cymbidium goeringii이다.

단자엽식물 가운데서 가장 고도로 진화한 것이 난과 식물로 전세계에서 발견된 것만도 약 800속 3만 여종이 있고 해마다 속간 혹은 종간 교잡에 의해 생산되는 속이나 종들을 합치면 1,500속 4만종이 넘어 국화과식물을 능가하는 최대의 속이며 현재 지구상에 존재하는 60만종의 식물들 중 약 6%를 차지하고 있다. 우리나라에는 45속, 92종, 11변종의 난과 식물들이 자생하고 있는 것으로 알려져 있다.

식물학상으로 난은 현화식물문 외떡잎식물강 난초목 난초과로 분류한다. 꽃이 피어 씨로 번식하는 속씨식물로 포엽을 포함하여 잎이 좌우 교대로 한 장씩 올라오는 외떡잎식물(단자엽식물)에 속한다고 하지만, 외떡잎 식물과 유사한 특징을 가지고 있을 뿐 영양을 저장하고 있는 씨눈을 가지고 있지 않으므로, 진정한 의미로 외떡잎 식물이라 할 수 없다. 본 책에서는 난초를 분생식물이라 칭하기로 한다. 난은 왕성한 번식력과 수분 저장능력을 가지고 있으며 잎이 지지 않고 추운 겨움을 날 수 있는, 환경적응 능력 등을 고루 갖춘 식물이다. 일반적으로 난은 원산지에 따라 서양란과 동양란으로 구분하기도 한다.

서양란은 동남아 일대, 남미 브라질의 밀림지대나 멕시코, 아프리카 등의 아열대지방에서 자생하고 주로 영국과 프랑스 등의 유럽에서 새로 육종된 난을 말하며, 카틀레야, 심비디움, 덴드로비움, 퀸파레 온시디움, 팔레놉시스(호접란) 등이 있다.

동양란은 온대 아시아인 우리나라와 중국 및 대만, 일본에서 나는 심비디움속의 춘란, 한란, 혜란 등과 덴드로비움속의 석곡, 네오피네티아속의 풍란, 에어리데스속의 나도풍란을 합하여 동양란이라 한다.

동양란은 예로부터 난과 혜로 분류되었으며, 꽃대마다 한 송이의 꽃이 피는 것 (일경일화)과 여러 송이의 꽃이 피는 것(일경다화)이 있는데 옛날부터 중국에서는 일경일화를 난(蘭), 일경다화를 혜(蕙)라고 구별하였다. 지금은 구분없이 모두 난이라 부르며, 난 중에서 일경일화와 일경다화 정도로만 구분한다.

우리나라에서 자생하고 있는 자생란 종류는 원예성을 가진 대표적인 춘란, 한란, 풍란, 나도풍란, 석곡 등과 금난초, 은대난초, 복주머니난, 자란, 해오라기난초, 병아리난초, 흰갈매기난초, 차걸이난, 나도나비란, 옥잠자리난초, 타래난, 방울새란, 닭의난초, 산제비란, 옥잠난초, 금산자주난초, 산제비난 등이 있다.

난은 생육습성에 따라 착생란과 지생란으로 나눌 수 있으며 착생란은 생육조건이 맞는 환경에서 큰나무나 바위 등에 붙어살며 풍란이나 석곡, 양란이 이에 해당된다. 지생란은 땅에 뿌리를 내리며 사는 난으로, 춘란이 이에 속한다.

통상 우리가 말하는 한국춘란이란 3월 중순에서 4월에 꽃이 피는 심비디움속의 보춘화 중 배양, 관상, 희귀성이 있는 것을 품종화한 것이다. 즉, 보춘화 중 꽃의 모양이나 색깔 또는 잎에 생긴 어떤 특징적인 변화에 원예적인 가치를 부여한 것이 바로 한국춘란이다. 이러한 한국춘란은 엽예품과 화예품으로 분류되고 있는데, 잎에 선상과 반상의 무늬가 들거나 잎 자체가 변이되어 관상의 대상이 되는 것을 엽예품(그림 1)이라고 부르고, 꽃의 모양이나 색깔이 일반적인 보춘화와 차별화되고 또한 관상 가치가 있는 것을 화예품(그림 2)이라 부른다.

난을 제대로 알기 위해서는 난의 일생을 이해할 필요가 있다. 난초는 난초목으로써 외형상 잎이 나오는 모습이나 3배수의 꽃잎의 숫자, 평행맥을 가진 좁은 잎의 형상, 형성층이 없어 부피성장을 못하는 점 등에서는 외떡잎 식물과 많은 유사점을 갖고 있지만, 종자가 처음 싹이 자라나올 때의 영양분이 되는 배젖과 씨눈을 갖고 있지 않다는 점에서 진정한 의미의 외떡잎 식물과는 차이점을 갖고 있다. 난초의 종자는 포자와 비슷한 크기로 미세하고 가벼우며 그 속에 난초의 유전형질만 가지고 있을 뿐 배젖은 갖고 있지 않기 때문에, 난초의 종자가 자생지의 부엽토 속에 떨어지면 부엽토 속의 난균의 도움을 받아 1년에서 10년 동안 지하에서 생강근으로 성장한 후, 환경이 맞으면 생강근의 영양을 이용하여 신아를 지상으로 올리고 뿌리를 내려 난초로 자라난다.

전년도 가을에 꽃대가 올라와서 겨울을 지나 3~4월 경에 꽃이 핀다.

(a) 중투

(b) 복륜

(c) 호

(d) 호피반

(e) 사피반

(f) 산반

(g) 환엽

(h) 단엽

(i) 기엽

그림 1　엽예품

(a) 황화

(b) 주금화

(c) 주홍화

(d) 홍화

(e) 자화

(f) 백화

(g) 수채화

(h) 색설화

(i) 소심

그림 2 화예품

(j) 중투화

(k) 중투복색화

(l) 도화

(m) 복륜화

(n) 복륜복색화

(o) 산반화

(p) 두화

(q) 원판화

(r) 기화

그림 2 화예품 (계속)

난꽃은 하나의 굵은 암술(비두)과 꽃가루 덩어리인 수술이 같이 있으며 암술의 밑에서 꿀이 분비되어 곤충이나 벌에 의해 수정된다. 수정이 되면 씨방이 만들어지고, 씨방이 여물어 터지면서 씨방 안의 수많은 미세한 씨앗들이 비나 이슬, 안개, 바람 등에 의해 부엽이나 땅으로 떨어져 토양 속의 난균을 만나 생강근을 형성하면서 자라다가, 생강근이 신아를 올릴 충분한 영양을 축적하고 환경적 여건이 구비되면 비로소 신아를 발아시킨다. 생강근에서 신아가 나오기까지의 형성기간은 짧게는 1년, 길게는 십년 이상이 걸리기도 한다.

앞으로 이 책에서 한국춘란의 체계적인 배양법과 춘란의 엽예품과 화예품을 구별하는 방법 등을 구체적으로 다룰 것이다. 춘란배양은 인내하며 작품을 완성해가는 또 하나의 예술이다. 난을 보고 있자면, 하루의 고단함을 잠시 잊고 미소를 머금게 된다. 난초를 취미로 하면서 생활의 활력소가 되는 즐거움을 맛볼 수 있게 되기를 바란다.

2 자생지

난초는 남부지방에서 주로 자생하는데, 최근에는 지구 온난화의 영향으로 영남지방으로는 소백산맥 이남의 문경과 안동까지, 호남지방으로는 계룡산 이남의 보령과 영동까지 난이 자생하고 있다고 알려져 있으며, 해안가를 따라서는 서해안의 백령도와 강화도, 동해안의 강릉과 삼척까지 난의 자생지가 북상하고 있다 (그림 3).

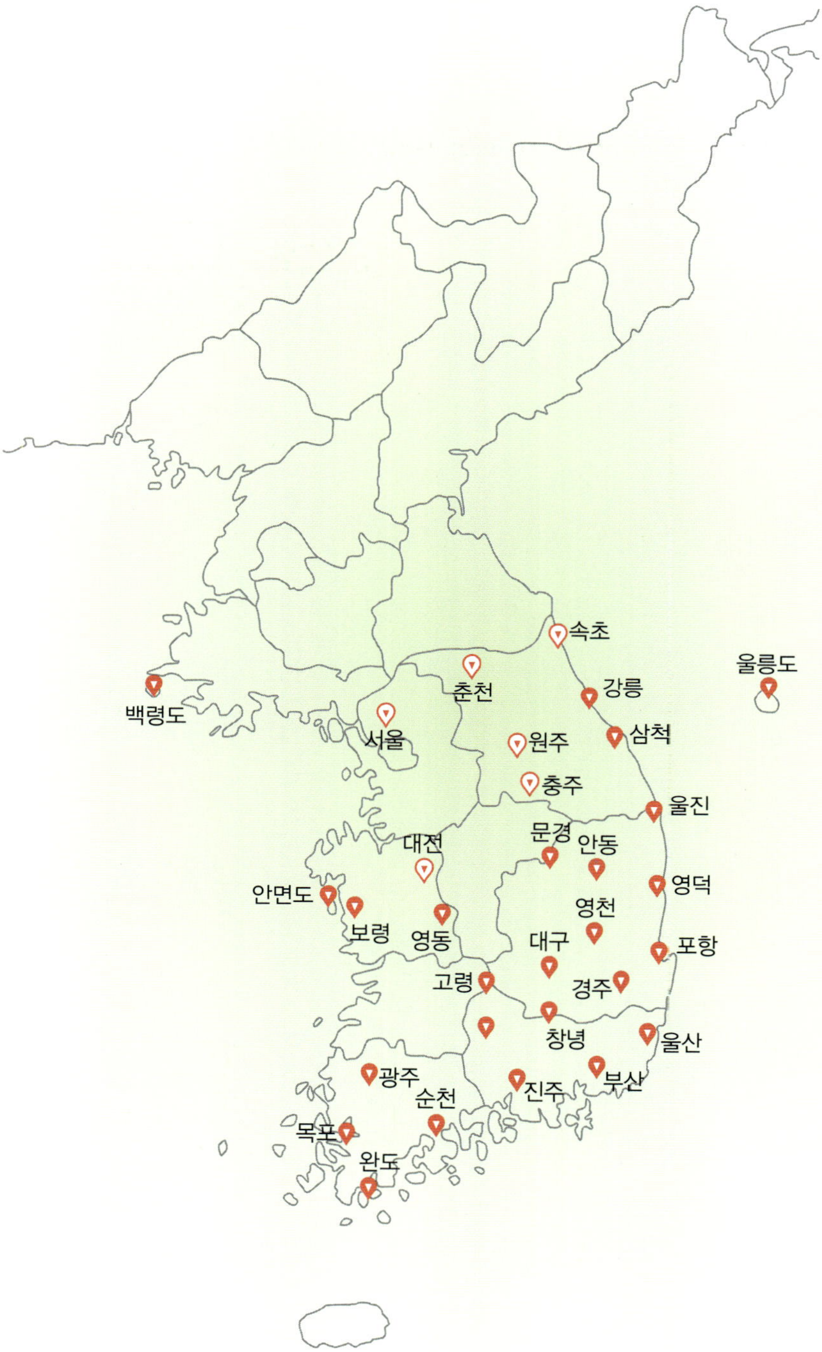
속초
울릉도
춘천
강릉
백령도
서울
원주
삼척
충주
울진
문경
안동
대전
영덕
안면도
영천
보령
영동
포항
대구
고령
경주
창녕
울산
광주
진주
부산
순천
목포
완도

그림 3 난의 자생지

난초는 소나무와 낙엽송이 적당히 분포되어 있고, 햇빛이 잘 들고, 동남향에, 바람이 있고, 습기도 있는 곳에 자생한다고 알려져 있다. 하지만, 실제로는 하루 종일 햇빛이 드는 곳에도 난이 있고 또한 수풀과 같이 자라는 난도 있다. 이렇듯 다양한 환경에서 난이 서식하는 것을 볼 수 있다.

종일 햇빛이 드는 곳에 자생하는 난은 잎장이 짧고 육질이 플라스틱 같이 강하게 느껴지고, 수풀이나 반음지에 자생하는 난은 대부분 잎장이 길고 짙은 녹색을 띄고 있다. 이렇듯 난은 환경에 따라 적응하여 환경적 변이를 일으키므로, 자생지의 환경에 따라 서로 다른 형태로 자라게 된다. 자생지의 난을 난분에 올려 적당한 햇빛과 영양, 습도, 바람을 공급해주면 난은 환경적 변이에 의한 모습으로부터 유전적으로 타고난 자신의 본래의 모습으로 되돌아 온다.

습이 좋은 곳, 영양이 좋은 곳, 그늘진 곳, 햇볕이 강한 곳, 바람이 강한 곳 등 난은 주변 환경에 적응을 해야 살아남기 때문에, 유전적 변이가 아니라 환경의 변화에 따라 적응하면서 환경적 변이가 생기게 되는데, 환경적 변이에 의한 모습을 보고 좋은 난초를 채란했다 싶어 집으로 가져와 기르다 보면 좋은 환경에서 민춘란 본래의 모습으로 되돌아가 실망을 안겨주는 경우가 대부분이다. 따라서 자생지에서의 환경적 변이에 속지 말고, 난을 정확하게 보는 눈을 가져 유전적 변이를 가진 난을 구별할 수 있어야 한다.

좋은 난이 자생하는 환경은 다음과 같다.

첫째, 경사가 완만하거나 평평한 지형, 약간 웅덩이같이 조금 들어간 지형에 좋은 난이 많이 자생한다. 경사가 급한 곳은 난의 씨앗이 떨어져도 비가 오면 빗물에 씻겨 내려가게 되고, 설사 난이 많다고 하더라도 상당히 건조하고 광량도 많아서 좋은 난이 나오기 위한 조건을 충족하기가 어렵다.

둘째, 적당한 햇빛이 비치는 곳에 좋은 난이 많이 자생한다. 햇빛이 너무 강하면 잎이 타서 죽기 십상이고, 햇빛이 너무 안들면 음지에 습지가 되어서 좋은 난이 자생하기에 힘든 조건이 된다.

셋째, 적당한 습도가 유지되는 곳에 좋은 난이 많이 자생한다. 발을 디디면 물이 비치는 정도의 습지라면 좋은 난이 나오기 힘든 조건이고, 반대로 너무 건조하면 난이 말라 죽기 십상이다. 너무 건조하지도 않고 너무 습하지도 않은 그야말로 난들이 자라기에 알맞은 환경이 되어야 좋은 난이 나올 확률이 그만큼 증가한다. 습/윤/건/조에서 윤과 건의 중간 상태에서 건에 가깝게 습을 머금은 정도가 좋은 난이 나올 확률이 높다.

넷째, 통풍이 원활히 되는 곳에 좋은 난이 많이 나온다. 좋은 난이 나오는 자리는 담배를 피워보면 담배연기가 강하게 흩어지지 않고 슬슬 밀리는 것을 볼 수 있다. 바람이 강하게 불지도 않고 아예 안불지도 않으며 적당한 통풍이 유지되는 자리가 난이 자생하기에 좋은 곳이라 할 수 있다.

다섯째, 소나무와 잡목이 잘 섞여있는 남향이나 남동향이 좋다.

좋은 난은 분명히 명당자리에 있고 있을만한 자리에 있다. 그리고 좋은 엽예나 화예의 난이 자생지에서는 환경적 변이에 의하여 그 모습

그대로 있지 않다. 난의 발전성을 알고 개체 특성을 읽는 눈이 있어야, 좋은 엽예나 화예의 난을 민춘란으로부터 구별할 수 있다.

3 생강근 유묘

이 책에서 생강근의 명칭을 미분화유합조직이라 부르기로 한다. 다만 형태가 생강을 닮았다 해서 생강근이라는 이름으로 통용되고 있다. 춘란은 현화식물문, 외떡잎식물강, 난초목, 난초과에 속한다. 현화식물문이란 꽃이 피는 식물을 말하며, 외떡잎식물강이란 떡잎이 없는 식물을 말하는데 콩이나 호박씨 등을 심게 되면 배젖이 되는 씨앗이 지표로 올라와 떡잎의 형태를 갖춘다. 난의 씨앗은 종자로 되어 있는데 씨젖(배젖)은 없고 씨눈도 없는 종자의 형태로 공기 중에 떠다니다 이것이 이슬, 안개, 바람, 비 등의 영향으로 땅에 떨어져 지면에 안착한다. 종자는 영양 떡잎이 없음으로 인하여 수년간 종자가 떨어진 주변 공생균들이 영양성분 등을 분해한 것을 먹고 자라면서 생강이 형성된다.

생강이 형성되어 신아를 올릴만한 영양이 축척이 되면 발아를 하게 되는데, 빠르면 1년 늦으면 10년 이상도 걸리기도 한다. 책자를 보면 6~7년 정도 걸린다고 말하는데 그 이론은 근거없는 이론이며 추측에 불과하다. 난뿌리는 뿌리 주변에 호르몬을 분비하여 영양물질을 흡수가 용이하도록 만든 후에 흡수를 하는 반면, 생강은 호르몬 물질을 내어서 영양을 분해한 후 바로 흡수를 하지 못하고 주변 공생균이 영

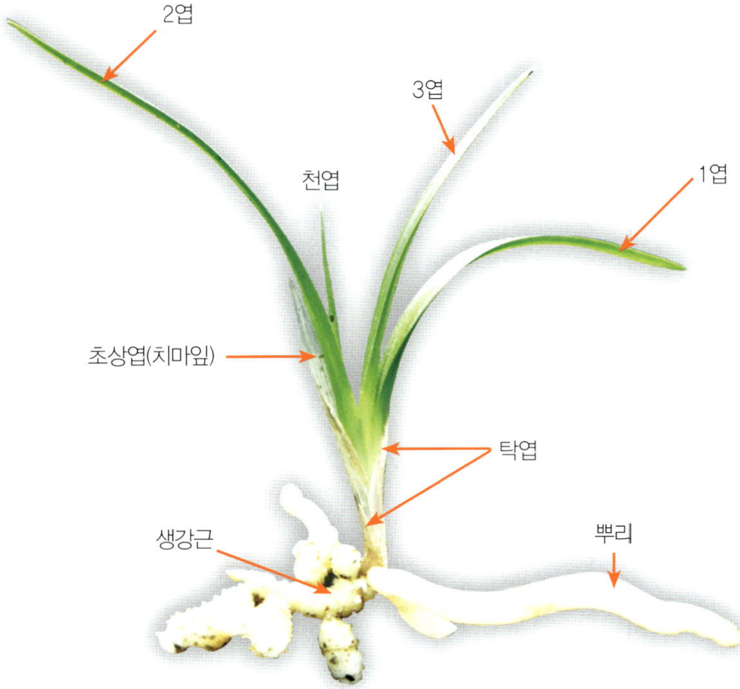

그림 4 생강근 유묘

양을 흡수한 것을 이용한다. 이렇게 성장한 생강근이 기회가 오면 유묘를 밀어 올리는데 한 생강에서 영양이 얼마나 비축 되었느냐에 따라 유묘가 생강의 여러 곳에서 나올 수도 있다. 그러나 생강에서 여러 개의 신아가 올라와도 생강은 하나의 신아에만 영양을 집중한다. 그것은 부엽이나 난석에 심는 것과 상관없이 생강이 가진 영양의 집중에 의해서 그러하다. 신아가 발아할 때 상하법칙이 적용되어 지표면 가까운 쪽에서 발아를 하게 된다. 신아가 출아를 한다는 것은 이미 생강 속에 모주가 될 신아를 충분히 올릴만한 영양이 비축되어 있다는 의미이다. 연어의 난황은 연어 치어가 난황을 모두 소모할 때까지 일체의 먹이 활동 없이도 살아갈 수 있도록 역할을 하듯이 생강근은 생강 유묘가 스스로 뿌리를 내리고 독립하여 환경에 적응하여 자생할 수 있을 때까지 영향을 공급하는 역할을 한다 (그림 4).

생강이 영양을 정상적으로 공급하게 된다면 보통 2~3년이면 생강은 삭아서 없어지고 심근만 남게 된다. 따라서 생강근 유묘에게는 일체의 화학적인 비료는 필요하지 않으며, 오히려 해가 될 뿐이다. 생강신아를 잘 키우겠다는 의욕만 앞서 영양을 잘못하게 되면 생강근 자체가 썩게 되는데 생강은 물로만 키워도 튼튼하게 성장한다. 생강근의 생과 사는 지나친 습과 건에 있다 할 것이다. 따라서 분에 옮겨진 생강근 유묘의 생과 사도 습과 건의 지속적인 반복과 생강근의 상처부위에 의한 감염 그리고 영양의 과잉 및 농약의 부작용 등에 있으므로 반드시 주의 하여야 한다.

생강근이 달린 채로 산채한 유묘는 물로 잘 세척한 후 일반 난초와 같이 정상적으로 심는다. 생강을 지표위로 노출해서 심거나 노출이 불가능할 땐 통기구멍을 만들어 심는다고 하는 말들이 있는데, 이는 생강의 습성을 모르고 하는 잘못된 말이다. 생강근이 햇빛에 노출되면 생강은 녹을 형성하게 되고, 녹이 형성된 생강은 생강묘촉에 영양을 공급하여 신아를 키우는 것이 아니라 오히려 생강묘촉에는 영양공급을 중단하고 자신이 살아 남으려는 본능으로 다시 부엽에 묻힐 때를 기다렸다가 새 신아를 올릴 준비를 한다. 따라서 생강을 노출시켜 심었을 때 신아에 뿌리가 없다거나 뿌리를 급하게 내리지 못하면 고사하게 되는 원인이 되므로 이는 잘못된 방식이다.

생강근 유묘를 심을 적에는 생강을 제거하지 말고 같이 심는 것이 생강근 유묘가 성장하는데 월등히 유리할 뿐만 아니라 이렇게 자란 난이 병충해에도 훨씬 강하다. 생강을 떼어 버리는 것은 아직 공급할 여력이 남아있는 영양원을 제거해 버리는 것과 같기 때문에, 생강근 유묘를 심을 적에는 생강과 같이 심는 방법을 권장한다. 이때 뿌리가 3~4개씩 달린 생강근 유묘라면 자생력이 충분하므로 생강을 따로 떼어 산채한 그 자리에 묻어 주든지 생강을 가져와 생강근 틔우기를 하는 방법도 있다.

생강근을 정상적으로 심었는데 생강이 썩어 난이 죽는 것은 생강관리를 잘못한 것이거나 물주기를 잘못하여 생강을 썩게 만든 경우이다. 첫번째 원인은 영양제 주기 잘못이고, 두번째 원인은 오염된 토양을 제대로 씻어내지 않고 심은 경우이고, 세번째 원인은 생강이 다치거나 부러진 자리에 감염이 된 경우이다. 생강근 유묘를 기를 때에는 일체의 무기비료와 같은 화학 영양제는 절대 금하여야 한다. 생강근은 영양을 직접 흡수하지 않고 주변 공생균이 분해하여 흡수한 영양을 이용하는데, 생강근 유묘에 무기영양을 하는 경우 무기영양이 생강근에 직접 흡수되어 생강을 썩게 만든다. 생강근 유묘는 간혹 굵은 유기비료를 주는 것 이외에는 물로만 배양하여야 하며, 절대로 구기영양을 하여서는 안된다.

4 산채난 관리

산채시 난의 뿌리가 다치지 않도록 조심하여 채란하여야 하고, 난은 화장지를 사용하여 축축하게 보관하여 집으로 가져 온다. 산채시 뿌리가 당겨지거나 하여 뿌리에 크랙이 생기거나 잘려나갈 수 있기 때문에, 화장지로 축축하게 하여 이동하면 화장지에 있는 살균력을 이용하여 상처로 균이 침투하는 것을 막을 수 있을 뿐만 아니라 뿌리가 갑작스럽게 마르는 것을 방지할 수 있다. 젖은 휴지 대신 젖은 이끼나 수태를 이용하여 산채난을 이동할 수도 있으며, 균이나 충으로부터 안전하게 보호받으면서 이동하려면 반드시 소독한 것을 사용하여야 하고, 한 번 사용한 수태나 이끼는 다시 소독하지 않으면 재사용하지 않는 것이 좋다.

산채난은 일단 흐르는 물에 깨끗하게 씻은 후, 퇴촉이나 상한 뿌리를 정리하고, 촉 당 적정한 숫자의 뿌리를 남겨 뿌리를 정리한다. 산채를 하면서 뿌리가 손상되거나 잘려진 부분은 반드시 순간 접착제를 발라주어서 손상된 부분을 막아주어야 한다. 뿌리 정리가 완료되면, 산채난이 해충의 알이나 해로운 균을 보유하고 있을 수 있으므로, 살충/살균한 후 분에 올린다. 뿌리정리를 하는 방법과 분에 올리는 방법, 살충/살균하는 방법 등은 "제2부 배양 기초" 편을 참조하면 자세한 설명을 찾을 수 있다.

5 자생 난초와 배양 난초

자생지에서 자라는 자생 난초들은 환경이 좋은 난실에서 자라는 배양 난초들이 가지고 있는 좋은 엽예나 화예의 모습을 그대로 갖고 있지 않은 경우가 많다. 자생지에서는 이미 발전된 난도 있는가 하면, 아직까지 발전되지 않았지만 장차 발전할 가능성이 높은 난초들도 있으므로, 난의 발전 가능성을 미리 알아볼 수 있는 안목이 필요하다. 그러므로 발전성을 모르고 개체 읽기가 부족하면 모두 민춘란으로 취급할 수 밖에 없다. 많은 경험을 쌓으면 꽃을 까보지 않아도 색화를 찾아내고 잎을 보고 중투로 갈 개체, 호로 빠질 개체, 사피나 호피가 될 개체 등을 미리 알아 낼 수 있다.

조건과 환경이 맞지 않는 자생지에서의 환엽은 잎 모양새가 잎끝은 옥고 (숟가락 바가지형) 잎장은 길고 넓고 뱀처럼 꾸불꾸불한 형태로 자란다. 이는 광합성이 부족한 탓으로 광합성의 면적을 넓히기 위하여 이러한 형태로 자라 있지만, 난실에서 배양하면 다음 또는 그 다음 대의 신아에서 올바른 환엽으로 발전한다. 조건과 환경이 맞지 않는 자생지에서의 단엽도 세엽이거나 보통엽일지라도 잎이 길고 평엽이고 잎끝에 갈퉁(라사)이 있으면, 난실에서 다음 또는 그 다음 대의 신아들이 단엽으로 발전한다.

사피나 호피, 또는 중투는 난실에서 배양된 난초들 중에서는 자주 볼 수 있지만, 산에서 자생하는 난초들 중에서는 쉽게 발견할 수가 없고, 장차 난실에서 그리 발전할 것이라는 것을 알고 가져 와야 한다.

왜냐하면, 사피나 호피, 또는 중투는 환경과 조건이 뒷받침 되었을 때에만 발현을 하기 때문이다. 산채시 조건과 환경이 맞다면 완벽하게 발전된 중투를 만나겠지만 대부분은 그 성질을 감추고 있다. 산채시 사피나 복륜 등 엽예도 완벽한 모습으로 있지 않다. 호에는 산반호와 반성호가 있는데, 산반호는 심층의 혈관층 변이로 생긴 것이고, 반성호에서의 반은 산반이 아니라 서(曙)가 심맥 혈관층을 따라 종으로 난잎 표층으로 올라온 것이다. 이때 서가 올라 오는 방향에 따라 종 또는 횡 뿐만 아니라, 축방향으로도 올라온다. 종방향으로 서가 올라와서 난잎 길이 방향으로 선이 들었다면 호이고, 횡방향으로 서가 올라와서 난잎을 횡단하는 방향으로 무늬가 들었다면 반의 개념으로 보아야 하고, 난잎을 뒷면에서 앞면으로 관통하는 축방향으로 서가 올라오면 축입산반이라 한다. 인터넷에서 흔히 말하는 축입산반은 일반적으로 산반이 잎 선단에서 기부로 내려가고 기부에서 선단으로 향하는 산반이 교차 하는 것을 말한다고 하는데, 그것은 학예복륜이지 올바른 의미의 축입 산반이 아니다. 축입산반이라 함은 심층의 맥선이 종으로 올라 가다가 여분의 맥이 표피층으로 올라와서 서가 표피층에 안개반이나 모래반으로 나타나는 것을 말한다. 표피층의 가늘고 약한 반성의 호가 발전하여 중투로 발현되기도 하고 또는 복륜이 되기도 하고 희미한 반들이 호피나 호반 서반으로 발현되기도 한다. 따라서, 자생지에서 축입산반의 모래반을 갖고 있는 난초는 난실에서 반성호로 또한 중투로 발전하며, 자생지에서 반성호로 발견되는 개체들은 난실에서 중투로 발전한다.

자생지와 난실의 차이가 아니라, 같은 난실에서 배양하더라도 배양 조건에 따라 난초는 다른 모습으로 발전한다. 예를 들어, 난실에서 배양하면서 별도의 비료를 일체 주지 않고 난을 배양을 하면, 난석과 수돗물에 섞여있는 아주 미량의 부족한 영양분만으로 난초가 성장하여야 하므로, 부족한 영양분을 조금이라도 더 채우기 위하여 뿌리가 길게 자라고, 광합성에 의한 영양분을 충분히 보충하기 위하여 잎도 길게 자란다. 일견 보기에, 난초들의 잎장과 뿌리가 풍성하여 배양이 매우 잘된 난으로 오해하기 쉬우나, 이는 건강하게 잘 자란 난이 아니고, 난실에서 무비료로 배양할 때의 악조건에서 살아남기 위하여 난이 적응한 것이다. 이러한 난초는 입변이 입변답게 자라지 못하고 영양이 부족한 악조건에서 살아남기 위하여 입변들도 길쭉길쭉하게 자라나게 된다.

6 자생지에서 반으로 오인하는 여러 현상들

개활지에 자생하는 난은 햇빛이 과도하게 비추어 과도한 광합성을 하게 되므로 스스로 엽록소를 제거하여 탈록 · 일소현상이 나타나는 것을 햇빛반이라 한다. 햇빛반은 잎의 앞면과 뒷면의 색이 다르므로 구별할 수 있다.

난잎에 갓처럼 하얀 테를 두른 것을 복륜으로 착각하는 경우가 종종 있다. 이는 바람이 많이 부는 지역에 자생하는 난초가 난잎의 기공에 의한 증산 작용이 활발하여 거치 부분이 말라 복륜의 형태로 나타나는 바람 복륜이거나, 햇빛이 과도하게 비추는 지역에서 난잎 단면의 골이 깊은 개체가 햇빛에 가장 많이 노출되는 잎 테두리의 거치 부분이 탈록화되어 복륜의 형태로 보이는 햇빛 복륜이다. 바람 복륜이나 햇빛 복륜은 복륜의 경계선이 깨끗하지 못한데, 복륜이라 함은 복륜의 선이 자를 대고 칼로 자른 듯 매끈한 형상을 가지고 있고 산반복륜이라 할지라도 산반이 나타나지 않고 복륜의 반으로 나타나는 곳을 보면 역시 칼로 자른 듯 매끈하다는 것을 알 수 있다. 특히, 햇빛 복륜을 자세히 살펴보면, 잎의 앞면과 뒷면의 무늬 경계가 서로 다르고, 무늬 부분이 중간에 조금씩 끊어지거나 탄 흔적이 있으며, 무늬가 들어 있는 부분을 만져보면 오래되어 탈색된 것들은 부스러지기도 하고, 어떤 개체는 무늬가 중간까지만 들어 있기도 하고, 어떤 개체는 아직 다 자라지도 않은 잎에 진짜 복륜처럼 무늬와 색이 크림색처럼 살짝 들어 있어서, 웬만한 난력이 있는 전문가도 속는 경우가 있다. 이러한 바람 복륜이나 햇빛 복륜을 보면 우선 난의 자생지의 특성을 잘 파악한 후, 자세히 살펴보면 진짜 복륜과 구별이 가능하니 속지 않도록 하여야 한다.

물내림반이란 겨울철이 다가오면 난이 어는 것을 방지하기 위하여 난이 스스로 물을 내리는데, 이 때 난잎의 본래의 색보다 주금이나 홍의 서반처럼 보이는 것을 물내림반이라 한다. 하지만, 물내림반은 난잎이 약간의 탈수끼를 가지고 있으므로, 자세히 관찰하면 속지 않을 수 있다.

냉해로 인한 냉반은 기온이 떨어지면 난이 물내림을 하는데, 급격한 온도 저하가 생기면 난잎에서 물을 지하부로 급하게 내리다가 물관의 역류를 방지하는 기관이 망실되어 조직이 괴사되어 나타나 보이는 것이다. 통상 일교차가 15도 이상 되고 최저 기온이 영상 5도 이하로 떨어지면 냉반이 나타날 수 있다.

동해로 인한 동반은 기온이 빙점 이하로 떨어지면 난잎의 세포 조직이 얼어서 나타나는 현상이다.

그 외에도 부엽에 묻혀서 나타나는 묻힘반, 난잎에 병징이 와서 나타나는 병반, 난잎의 성장에 장애가 와서 생긴 장애반, 충의 식흔에 의한 충반, 헤미레이 곰팡이에 의한 병반 등이 있으므로, 난의 유전적 변이를 구별할 수 있는 눈을 가져야 한다. 또한, 무색의 서에 의한 배추서나 아롱반이나 엽록체의 부족에 의한 녹결여 등에도 현혹되지 않도록 주의하여야 한다.

7 자생지에서 꽃으로 색화를 구별하는 방법

자생지에서 난꽃을 보고 색화를 구별하는 것은 쉽지 않다. 대부분의 민춘란은 햇빛이 부족한 음지에서는 황화처럼 보이지만, 이는 의성 황화로써 녹이 부족해서 황화로 보이는 것으로 시간이 지날수록 꽃잎에 녹이 차들어오는 개체들이다. 혹은 3일 황화라 하여 3일정도는 황의 서가 공급이 되어 황화로 피지만 지속적으로 서를 공급받지 못하여 녹이 차 들어오는 개체도 있다. 꽃을 보고 황화를 구별하는 방법은 꽃봉오리 때 주부판에 가려 있던 봉심의 끝은 가장 빛을 보지 않은 부분이므로 나머지 꽃잎장에 녹이 차 있더라도 봉심끝이 노란색이면 황화이다. 즉, 봉심 끝에 녹이 찼으면 의성황화이다. 또한 황화는 황의 서가 화맥 간 사이에서 점으로 뭉쳐 있다가 점차로 꽃 잎장 전체로 퍼져 나가므로 황의 서가 뭉친 부분에 금가루를 뿌린 것처럼 반짝거리는 특징이 있다. 무엇보다 황의 서는 지용성이라서 황화의 주부판 꽃잎을 손톱끝으로 살짝 짓눌러 주면, 황의 서가 있는 정도에 따라서 10여분에서 수시간 내에 검게 짓물러진다 (그림 5).

자생지에서 홍화를 찾는 것도 쉽지 않다. 홍화는 저온에서 녹이 차지 않도록 하면서 동시에 오전 햇살로 발색시켜야 비로소 완전한 홍화로 개화하기 때문에, 자생지에서 이러한 조건을 만족시키는 것이 쉽지 않다. 대부분의 홍화는 녹이 어느정도 찬 채로 홍의 발색이 이루어지므로 녹과 홍이 섞여 검게 혹은 검붉게 나타나 보인다. 하지만, 이것도 발색 시점에 이르렀을 때의 특징이며, 발색이 충분히 이루어지지 않은 시점에서는 연하게 녹이 찬 민춘란처럼 보인다.

자화는 주부판에 자색 비슷한 것이 보인다고 산채해 데려오면 대부분 수년 후에 민춘란으로 돌아선다. 이래서 "눈물의 자화", 또는 "개자화"라는 말이 나온다. 자화는 화맥 간에만 자색이 들어 있어야 하며 화맥은 색이 없이 깨끗해야한다. 만일 화맥에 자색이 들어 있다면 이는 시간이 지나면서 혹은 대를 거듭하면서 자색이 날아가는 눈물의 개자화이다. 특히 대부분의 자화는 포의가 투명하리만치 깨끗하고, 포의 끝에 0.5~1cm 부분이 마치 붓 끝에 먹을 살짝 먹인 것처럼 보인다. 하

그림 5 꽃잎 짓누름에 의한 민춘란과 황화의 구별

지만, 아주 우수한 자화는 보호색이나 화근이 전혀 없이 포의 끝 부분을 포함한 포의 전체가 투명하다. 이러한 우수한 자화는 아주 드물고 귀한 개체이다.

백화는 색소에 의하여 백색으로 드러나는 것이 아니라, 꽃잎의 주부판에 기포가 생기면서 빛의 산란에 의한 백화로 보이기 때문에, 기포가 본격적으로 퍼지기 전에는 연한 녹이 찬 민춘란처럼 보인다. 하지만, 꽃잎 부분을 자세히 살펴보면 기포가 꽃잎의 녹색 위를 가리고 있어서 흐릿하고 탁하게 보이는 것을 알 수 있다.

산에서 꽃잎을 보고 색화를 산채할 수 있는 시간은 꽃철에만 가능한데, 이 기간이 너무 짧다. 그리고 자생지에서의 환경적 변화로 인하여 본래의 색화의 특징을 그대로 드러내보이지 않는 경우도 많다. 따라서, 색화의 잎에서 서를 읽는 훈련을 하여 난잎을 보고 색을 읽을 수 있는 능력을 키우는 것이 더욱 바람직하다. 색화의 잎에서 서를 읽는 방법에 대한 것은 뒷부분에서 더욱 자세하게 다룰 것이다.

8 산채 요령

8.1 난을 찾는 요령

(1) 피해야 할 산지

먼저 피해야 할 유형의 산을 알아보자. 해발 400m를 넘는 높은 산, 경사가 급한 곳, 습도가 높은 산, 독립적으로 떨어져 있는 산(주변에 산이 없으면서 낮은 산), 북쪽 방향의 산에는 난을 발견할 확률이 현저히 낮다. 인조림이 조성된 곳이나 화마가 지나간 곳, 또는 소나무만 있거나 혹은 잡목만 있는 곳은 피하는 것이 좋다.

(2) 좋은 산지

가장 좋은 산은 골짜기가 많은 산에 소나무와 활엽수가 적당히 혼재된 산이다. 해발 200~400m 사이의 산지 중에서, 닭발모양처럼 굴곡이 있으면서 높지 않고 산 줄기가 갈래 갈래 늘어서 있는 골짜기가 많은 산이나, 낙타등처럼 급경사가 있다가 갑자기 완만해지는 능선이 있는 곳, 소나무와 잡목의 혼합지대에 좋은 난초가 있다. 30~50cm 깊이의 작은 골들이 많이 있는 산도 좋은 산지가 될 수 있다. 산의 정상 중 암벽 바로 아래 소나무와 평평한 자리에 좋은 난초들이 많이 발견된다.

(3) 탐란 자세

설사 좋은 산지에 갔다 하더라도 좋은 난을 알아볼 수 있는 식견과 작은 촉이라도 놓치지 않는 높은 집중력이 요구된다. 산채 시 중요한 것은 가벼운 마음으로 시작하는 것이다. 꼭 무엇인가를 산채해야겠다는 욕심을 버리고, 즐기면서 산행을 한다. 꼼꼼히 집중력을 가지고 살펴봐야 한다. 즉 타인보다 먼저 간다하여 반드시 좋은 난초를 채란 하는 것이 아니다. 보다 천천히 자세히 신중을 기해 하나하나 보는 것이 중요하다. 빨리가다 보면 좋은 개체도 지나칠 수 있기 때문이다.

(4) 품종 별 산지의 특징

품종 별로 난이 자주 나오는 산지의 특징을 알아보자. 중투는 어느 정도의 햇빛이 들면서 바람이 세게 불지 않는 장소에서 발견된다. 서, 유령, 사피, 호반은 계단식의 지형이나 약간 어둡고 습한 지형에서 발견된다. 산반, 복륜, 산반중투, 서산반은 바람이 세게 부는 지형 즉 골짜기, 골짜기 끝부분(Y자 지형), 바람이 세게 부는 입구에서 발견된다. 서산반이나 중투는 광합성이 용이한 비교적 밝은 곳에서 자생한다. 단엽의 경우 점토로 된 지형에 분포하고, 난이 자생하는 모든 산에는 단엽이 자생한다.

8.2 좋은 난을 찾는 요령

(1) 좋은 엽예를 찾는 요령

자생지에서 자라는 난은 유전적 변이에 따른 자신의 본 모습을 드러내 보이기도 하지만, 대부분 자생지의 환경에 적응하느라 자신의 끼를 숨기고 있다. 이러한 난들을 집으로 데려와 배양하다 보면 다음 또는 다음다음 대 신아에서 자신의 본 모습을 드러내 보이므로, 환경적 변이에 속지 말고 유전적 변이를 읽을 수 있는 눈을 가져야 한다. 첫째, 난잎끝이 바가지 형태로 옥인 잎은 환엽으로 돌아 가기가 쉽고, 둘째, 잎끝이 평평한 난초는 종자가 작아지고, 셋째, 천엽이 짝변인 난은 엽성을 갖춘 입변으로 발전할 가능성이 크고, 넷째, 통엽이나 야구방망이 모양의 난초는 두화가 기대되고, 다섯째, 속잎장이 여타 잎과 차이가 없으면 단엽일 확률이 높고, 여섯째, 속잎장이 짝변이면 향후 속잎장이 넓어지고 옥아있으면 세엽이라도 광엽으로 돌고, 일곱째, 잎의 형태가 잎의 중간 부분에서 기부방향으로 일자 형태이거나 더 넓으면 두화가 기대되고, 여덟째, 치마잎과 속잎장이 둥글면 환엽이다. 특히 천엽은 앞으로의 발전성을 나타내는데, 천엽에 산반끼만 있어도 다음대에는 화려한 산반일 확률이 높고, 천엽에 축입산반이 있는 것은 더욱 기대되는 난초이며, 천엽의 발달이 덜하고 발육이 미숙하면 대개 짝변을 이루며, 천엽이 짝변이거나 다림질한 난(다림질한 난이란 난잎이 거치와 배골부위가 다림질한 것처럼 편편한 상태)이면 엄청 발전할 난이며, 천엽에 반이나 반성호나 무늬가 물려서 올라오거나 물려 있으면 기대주이다.

(2) 좋은 색화를 찾는 요령

자생지에서 색화를 찾는 것은 생각만큼 쉽지 않다. 자생지의 환경 요인에 영향을 받아 유전적 변이를 숨기고 있는 경우가 많기 때문이다. 꽃철에는 꽃철대로 꽃철이 아닌 때에는 아닌대로 자생지의 난에서 색화의 유전적 변이를 읽어내기가 쉽지 않다. 좋은 색화를 찾는 요령을 알아보기로 한다. 첫째, 잎에 광택이 없는 무광의 난을 찾는다. 색을 많이 함유하고 있어 좋은 색화를 피우는 난잎의 대부분은 무광이다. 무광의 난이 좋은 색화를 피우는 자세한 이유는 뒤에서 다시 다룰 것이므로, 지금은 그냥 무광의 난잎이 좋은 색화를 피운다는 것만 기억하기 바란다. 둘째, 급소멸성 서 개체를 찾는 것이다. 급소멸성은 밝은 색감의 연녹색의 신아가 서 개체로 올라오다가 채광에 상관없이 단기간에 녹이 차 들어오는 것인데, 모촉은 진녹의 상태인데 신아에 녹이 차 들어오는 과정 중에서 신아의 기부 쪽으로는 밝은 색상을 유지하고 있으며, 신아의 겉잎장과 속잎장의 밝기 차이로 급소멸성 서 개체인지를 알아낼 수 있다. 급소멸성 개체라 하더라도 신아의 잎장이 자라고 있는 동안에는 최소한 한두잎 정도에는 반드시 그 흔적을 남긴다. 소멸되는 서반개체 중 소멸이 빠른 것은 자생지에서 병반처럼 무늬가 일정하지 않고 알맹이가 굵거나 작은 반점 상으로 존재하는데, 안개 무늬같이 탁한 서를 가진 난잎에서 좋은 색화를 기대할 수 있다. 셋째, 서의 색을 읽는 연습을 하는 것이다. 그 대표적인 예가 먹란이 홍화일 가능성이 높다는 것인데, 먹란이라고 해서 홍화가 피는 것이 아니라, 홍의 서를 가진 난이 먹란처럼 검게 보이기 때문에 먹란에서 홍의 서를 볼 수 있어야 한다. 비록 먹란이라도 홍의 서가 보이지 않으면 홍화를 피우지 않는다. 또 다른 대표적인 예로써는 기부가 맑고 연녹색이면 황화가 필 가능성이 매우 높다. 사실 기부가 맑다고 해서 모두 황화가 피는 것이 아니라, 기부에 황의 서가 내재되어 있으면 기부가 밝은 연녹색으로 보이고, 이러한 난초는 황화가 핀다. 하지만, 이러한 서의 색을 읽는 것은 많은 공부와 훈련이 필요하다. 서와 색화의 관계에 대한 공부는 이 책의 후반부에서 별도로 다룰 것이므로, 여기서는 더 이상 다루지 않기로 한다.

(3) 간과해서는 안되는 난

자생란들은 자생지의 환경적인 요인 때문에 유전적인 변이를 드러내 보이지 못하는 경우가 흔히 있다. 여기서 흔하게 속아서 못가져 오는 개체 중에는 난잎 끝이 뾰쪽하면서 배골이 평평한 것, 평평하면서 긴 잎에 갈룡이 들어있는 것, 잎 끝은 옥아 있는데 늘어진 것들이 있는데, 이들은 나중에 단엽이나 환엽으로 돌아나올 개체들이다.

(4) 피해야할 난

먼저 자생지 환경을 염두에 두고 산채를 해야 한다. 습이 좋은 곳이나 영양이 좋은 곳, 그늘진 곳, 햇볕이 강한 곳, 바람이 강한 곳 등 난은 주변환경에 적응해야 살아남기 때문에 자생지의 환경 요인에 따라 환경적인 변이가 일어나는데, 환경적인 변이는 유전되지 않으므로 산에서 물건을 보았다 싶어도 집에서 기르다 보면 실망시키는 민춘란이

(a) 죽근의 영향

(b) 백벌브의 영향

그림 6　입변으로 오인받는 개체

(a) 산채란

(b) 깊게 파기

(c) 깊게 심기

그림 7　산채탄 심기

대부분이다.

산에서 잎성이 좋아 보이는 1촉짜리 난을 산채했을 때, 백벌브가 여러개 달렸거나 또는 죽근에서 올라와 성깔있어 보이는 것이라면 산에 두고 오는 것이 더 좋다 (그림 6). 여러 개의 퇴촉으로부터 또는 죽근의 여러 단계의 뿌리로부터 하나의 촉에 집중적으로 영양을 몰아주어서 잎이 후육지고 입변성처럼 보이는 경우로써, 본래부터 입변인지 구별하기 쉽지 않기도 하지만, 대부분 집에 데려와 길러보면 몇 년 안에 민춘란으로 돌아가게 된다. 따라서, 생강근이 붙은 1촉짜리 난이 아니고, 다수의 퇴촉이나 다단계의 죽근으로 형성된 1촉짜리 입변 개체라면 무조건 피하는 것이 상책이다.

또한 앞절에서 다룬 적이 있는 반으로 오인하는 여러 가지 현상들을 잘 이해하여, 반이 아닌 난을 반으로 잘못 읽어 낭패를 당하는 일이 없어야 할 것이다. 이러한 현상들에 대하여서는 앞절에서 다루었으므로 여기서는 생략하기로 한다.

9 자생란 보호

난초 자생지의 훼손 최소화 및 종자 보호 그리고 복원을 마음 속에 두고, 군락지 혹은 자신이 좋은 개체라 생각한 난초와 대면시에는 우선 주변의 형태(자생지 조건)를 파악한다. 주변 신아를 밟지 않도록 주위를 살피고 탐란 기준으로 다시 한번 좌우를 살피고 변이종인지를 다시 한번 판단한다. 밭자리를 만나면 밭자리 전체를 떠가는 것은 종자를 멸하는 행위이다. 이때는 하나하나 시간을 충분히 가지고 면밀히 살피어 좋은 종자만 선별하여 채란하는 자세가 필요하다. 채란을 하였더라도 혹시 분에 올리지 않을 난초는 다시 산에 잘 심어 주는 것을 기본으로 한다. 땅을 깊게 파고 뿌리를 최대한 다치지 않도록 넓게 펴며, 주변의 흙을 덮는다. 흙 위로 다시 부엽을 긁어 모아 바람에 날아가지 않도록 충분히 덮어주고 겨울이 와도 냉해를 입지 않도록 해 준다. 부엽으로 살짝 덮어서 심어 놓으면 탈수가 와서 죽게 되거나 작은 비에도 주변 부엽이 흘러내려 뿌리가 노출되어 죽게 된다 (그림 7).

갈고리 사용을 자제한다. 신아 주변을 갈고리로 박박 긁는 것은 다른 신아뿐 아니라 주변의 부엽을 다 긁어 버리면 겨울에 대부분의 개체가 얼어 죽고, 이는 산지의 파괴와 연계되는 행위이기 때문이다. 채란시 갈고리로 주변의 낙엽층을 천천히 긁어내고 최대한 난초의 뿌리가 상하지 않도록 하며 주변에 생강근이 있으면 잘 묻어 준다. 퇴촉이 많이 붙어 있으면, 퇴촉을 비틀어서 분리하여 절단면에 침을 발라 다시 심어주고 온다. 주변에는 최대한 갈고리도 들춰보지 않도록 하며 토양은 다시 발로 단단히 밟아주고 다시 부엽을 잘 덮어준다.

난초를 사랑하는 마음으로 모여 동호회를 만들고 채란을 다니지만, 누구나 탐란이라는 욕망에 휩싸여 환경을 파괴하게 된다. 이는 곧 난 자생지를 초토화시키는 결과를 불러오고 산지 전체를 파괴하며 종자를 멸하는 행위임을 잊지 말아야 한다. 채란보다는 산지에서 파헤쳐진 난초를 하나라도 잘 묻어주고 오는 자세가 아쉽다 할 것이다.

MEMO

제2부 배양 기초

CONTENTS

1 이동

배양 중인 난을 이동할 때, 단거리를 갈 때에는 난분 통째로 화장토 위에 젖은 이끼나 젖은 휴지를 올리고, 알루미늄 호일로 난분의 상부를 잘 눌러 감싸서, 이동 중 난분이 충격을 받아 뿌리 주변의 난석이 흔들려 뿌리(특히, 뿌리의 생장점)에 상처를 주지 않도록 각별히 주의하여야 한다. 장거리를 이동하거나 단거리라도 난석이 흔들려 뿌리에 상처가 나는 것이 께름칙하다면, 난분을 털어 잘 소독된 깨끗한 젖은 수태로 뿌리를 감싸고 알루미늄 호일로 잘 감싸서 고정시켜 이동한다. 이 때, 가구경 쪽과 뿌리의 아래 쪽은 알루미늄 호일로 너무 꼭 감싸지 말고 적당히 통기가 될 수 있도록 그냥 열어 둔다. 박스나 통에 넣어 이동할 경우, 난이 흔들려 난에 상처가 나지 않도록 잘 고정하여야 하며, 외부와 공기가 잘 통하고 열이 빠져 나갈 수 있도록 환기 구멍을 만들어 주어야 한다.

2 뿌리 정리

2.1 절단 후 마감 방법

분갈이나 산채를 하면서 뿌리가 늘려지거나 당겨지거나 구부러지거나 하면 뿌리에 상처가 생기고 크랙이 가거나 뿌리가 떨어져 나가게 된다. 뿌리가 손상되거나 잘려진 부분은 반드시 목공용 순간접착제(록타이트 401)로 막아 균의 침투를 방지하여야 한다 (그림 8 (a)). 난초를 분에 올리고 난후 어느 정도 시간이 지났는데도 잘 성장하지 않는 경우 분을 털어보면, 분갈이나 산채난을 심을 때 뿌리의 손상된 부분이 방치되어 상처를 통하여 균이 침투되어 뿌리가 물러지거나 상해 있는 것을 많이 보게 된다.

산채시에나 분갈이시에 뿌리가 상하거나 절단되거나 크랙이 간 부분이 있으면, 그 부분으로부터 약 1~2cm정도 윗부분을 절단하고, 반드시 절단면에는 순간 접착제를 발라주어 상처부위를 막아 주어야 한다. 뿌리의 절단면에 물이 약간 묻어 있는 상태에서 순간접착제를 살짝 발라주면 순간 발생하는 열에 의하여 물이 증발하면서 절단면이 밀폐된다. 뿌리가 건조된 상태에서 사용하면, 뿌리 조직으로 흡수되어 뿌리 조직이 괴사될 수 있으므로 주의하여야 한다. 벌브에 바짝 붙여 뿌리를 절단한 경우에는, 이쑤시개 등을 이용하여 절단면에 살짝 찍어 발라서 벌브 주변의 다른 뿌리나 잠아에 순간접착제가 흘러서 묻지 않도록 각별히 주의하여야 한다.

뿌리를 정리할 때 막연히 촉당 3~4개 정도를 남기라고 알려져 있지만, 뿌리 정리를 제대로 알고 하여야 한다. 병든 뿌리나 노후된 뿌리, 또는 상한 뿌리 등을 먼저 정리하여야 하며, 남겨두는 뿌리의 숫자가 다음 해의 난의 세력에 막대한 영향력을 미치므로 신중하게 뿌리 정리를 하여야 한다. 뿌리는 일종의 영양 저장창고의 역할도 하므로, 5촉짜리를 기준으로 남겨 두는 뿌리의 수는 가장 할미촉은 2개, 그 다음 촉은 3개, 그 다음도 3개 정도로 하고, 신아촉과 모주는 뿌리를 많이 남겨 두어야, 이듬해 신아가 튼튼하게 자라고 난초의 세력이 빨리 붙는다.

뿌리가 난분 길이에 비하여 너무 길 때에는 난분 안에 둘러서 그대로 심으면 뿌리에 저장된 더 많은 영양분을 활용할 수 있어 좋은 점도 있지만, 시간이 얼마 지나지 않아 뿌리가 계속 자라서 난분 끝에 다다르면 생장점이 상하여 감염의 위험에 노출될 수 있으므로, 뿌리 끝 생장점이 난분 바닥에 닿지 않도록 절단하여 마감한 후 심어도 괜찮다. 또한, 모촉에 뿌리가 너무 많으면, 후에 신아가 나올 때 신아가 자랄 공간이 부족하게 되거나 신아가 뿌리에 닿아 상하게 되므로 적당히 잘라내어 솎아주는 것이 좋다. 물론 벌브에 딱 붙여 절단하고 절단면은 반드시 마감처리하여야 한다. 뿌리의 개수는 잎장 수에 비하여 적게는 80%에서 많게는 120% 정도를 유지하는 것이 좋다.

생강근이 달린 어린 유묘는 가급적 생강을 떼어내지 말고 뿌리와 생강을 깨끗이 씻어낸 후, 뿌리와 생강에 난 상처를 유심히 살펴서 상처 난 곳을 절단하여 순간접착제로 마감한다. 생강근이 달린 유묘가 배양에 실패하는 여러 가지 이유 중에 하나는 생강에 난 상처를 통한 균의 감염으로 쓰러지는 것이다.

2.2 피층을 긁어 심근만 남기는 방법

뿌리가 너무 부실하고 병약하여 절단 후 마감하면 남는 뿌리의 숫자가 부족할 경우에는, 절단 후 마감 방법을 사용하면 난초의 세력이 너무 크게 떨어져 다시 세력을 찾는데 6개월에서 1년이상의 시간이 걸릴 수도 있다. 그러한 경우에는 뿌리가 상한 부분에서 온전한 부분으로 1~2cm 정도 되는 지점부터 손톱을 이용하여 상한 뿌리의 피층을 긁어내고 심근만 남긴다 (그림 8 (b)). 중간이나 끝 지점에 온전한 뿌리가 있으면 상한 부분만 긁어내고 온전한 뿌리는 남겨두어 뿌리에 저장된 영양을 활용할 수 있도록 한다.

심근을 남겨 심는 방법은 뿌리가 너무 부실하여 절단 마감을 할 경우 난이 너무 오랜 시간동안 세력을 잃을까 염려될 때 사용하는 방법으로, 모촉이 신아를 올려 충분한 숫자의 새로운 뿌리를 내리면, 기존 절단 마감하지 않았던 뿌리들은 상처를 통한 감염이 일어나지 않도록 모두 절단 마감하여 깨끗하게 정리하는 것이 바람직하다.

2.3 토끼촉을 만드는 방법

뿌리가 너무 부실하여 심근만 남겨 심기도 곤란한 경우 또는 심근만 남겨 심었을 때 상처를 통한 감염이 염려되는 경우에는 뿌리가 부족함에도 불구하고 모든 뿌리를 깨끗하게 절단 마감한 후 잎장을 기부에서 1/3~1/2되는 지점을 절단하여 토끼촉을 만든 후, 난분에 올릴 수도 있다 (그림 8 (c)). 뿌리를 모두 절단 마감하여 상처 부위를 통한 감염의 염려는 없지만, 뿌리의 숫자가 너무 부족하여 잎의 증산작용에 필요한 물을 충분히 공급할 수 없어 잎이 말라 죽는 것을 방지하기 위하여 토끼촉을 만든다. 토끼촉은 남아있는 약간의 뿌리와 잎장을 이용하여 최소한의 영양을 흡수하고 광합성을 수행하여 가급적 빠른 시일 내에 신아를 올리려고 노력한다.

(a) 절단 후 마감 (b) 피층 긁기 (c) 토끼촉

그림 8 뿌리 정리

(a) 젖은 난석 (b) 대석 심기 (c) 소석 마감

그림 9 난초 심기

3 난심기

3.1 난분과 난석

난 재배와 관련하여 가장 필수적인 것은 난 자체이며, 그 다음이 화분 그리고 식재이다. 난은 구입하거나 산채하거나 아니면 주변 애란인들로부터 얻을 수 있다. 난이 준비되면 흙, 나무껍질, 혼합토 등을 사용하여 식재하고, 난의 식재를 위한 화분은 오크분, 플라스틱 화분, 낙소분 등을 사용한다. 일본에서는 낙소분이 개발된 고향인 만큼 낙소분이 많이 사용되며, 낙소분 외부에 유약을 칠하고 화려하게 문양을 넣은 전시용 화분과 플라스틱 화분 그리고 일부 점토분을 사용하고 있다. 중국에서는 난을 생업으로 하는 사람들은 대부분 플라스틱 화분을 사용하고 있으며, 취미생활을 하는 사람들은 대부분 질그릇(점토분)을 사용하고 있다. 한국에서는 일본의 영향으로 낙소분이 우리나라에 소개되어 많이 사용되고 있으며, 난을 전문적으로 재배하는 사람들의 대부분은 가볍고 값싼 플라스틱 화분을 주로 사용하고 있다.

플라스틱 화분의 가장 큰 특징은 그 형상을 자유롭게 설계하여 대량생산할 수 있어 가격이 싸다는 점이다. 따라서 구입 및 사용에 있어 경제적이며, 가볍고 파손이 잘 되지 않아 보관과 이동이 자유롭다. 낙소분은 그 재질이 다공성의 흙으로 이루어져 열전도율이 낮아 외부온도의 급격한 변화가 있을 경우 그 충격을 완화하여 뿌리에 영향을 덜 주는 것이 특징이다. 질그릇 화분(점토화분)은 예로부터 많이 사용하고 있는 화분으로써, 난 하나만 두고 볼 때 이상적인 화분으로 인식되어, 중국에서는 천년 이상 사용하여 왔으며, 조선시대에서 광복 이전까지 우리나라에서도 가장 많이 사용하여 온 화분이다. 난 화분이 갖추어야 할 조건은 1) 통기성 2) 배수성과 보습력 3) 열전도성 4) 경제성 5) 잘 깨지지 않을 것 등 화분이 갖추어야 할 여러 조건이 있으나, 어떤 화분을 선택하더라도 난심기와 물주기만 잘하면 배양에 전혀 문제가 없으며, 특히 난 화분의 가장 중요한 통기성은 어느 화분이나 비슷하여, 매일 물을 펑펑 주어 물과 함께 난분 내의 공기를 신선한 공기로 바꾸어 주는 것이 최선이다.

난분은 새 난분을 사용하면 더 좋겠지만, 그것 또한 과소비일 수 있으므로, 쓰던 난분을 락스 200:1로 희석하여 소독한 후 물에 씻어서 재사용할 수 있다. 난분의 크기는 각자의 취향이지만, 큰 사이즈의 분을 사용하면 난석의 소모가 많아지고, 관수나 방제, 시비에 더 많은 양이 들게 된다. 통상 1~2촉 짜리는 2.5~3호분에, 꽃을 달 수 있을만큼 성장한 3촉짜리 이상은 3.5~4호분에 심는 것이 바람직하다.

식재는 일반 난석이 가장 보편적으로 널리 사용되며, 생강이나 퇴촉을 틔울 때는 적옥토가 다소 유리하고, 뿌리 내림에는 기능석 난석(제오라이트, 예림난석, 한림난석)이 조금 더 유리하지만, 크게 더 유리한 점이 있는 것은 아니다. 일반 난석은 물에 충분히 적셔서 난을 심어도 아무런 문제가 없지만, 한림난석의 경우 물에 불린다고 물에 담궈두면 난석이 둥둥 뜨고, 제오라이트 경질석은 다 가라앉아버려서 혼합된 것이 분리될 뿐만 아니라 한림이나 예림의 기능석 난석은 메말라 있어도 단시간에 뿌리의 습을 과도하게 빼앗아 가지는 않기 때문에, 마른 난석으로 단시간 내에 심은 후 바로 물을 관수하도록 하는 것이 좋다.

3.2 난 심기

뿌리조직은 물을 내부로 흡수만 할 수 있고 외부로 배출은 할 수 없도록 물의 이동 방향이 한 방향으로만 설정되어 있기 때문에, 마른 난석으로 심는 경우 마른 난석이 뿌리의 수분을 급작스럽게 방향성을 바꾸어 반대방향으로 빼앗음으로 인해 뿌리 조직이 괴사하게 된다. 따라서, 마른 난석을 사용하여 분에 심는 것은 이듬해 속이 비워진 쭉정이 뿌리를 보게 되는 이유들 중의 하나가 된다.

손질한 젖은 난석을 사용하여, 대석으로 벌브 밑둥 2~3cm 아래까지 심고 소석을 화장토 대신 사용하여 기부까지 심는데, 가능한 헐겁게 심어야 한다 (그림 9). 여기서 벌브 아래를 공극없이 심어야 밑달림을 방지한다고 하지만, 밑달림은 물주기를 자주 하지 않아서 나타나는 현상이다. 난의 잠아는 독립성을 가진 개체로써, 독자적인 뿌리 내림을 하고 생존을 위해서는 습이 조금이라도 더 유지 되는 곳에서 발아를 하여야만 생명을 보장 받을 수 있기 때문에 가구경 주위의 공극과 상관없이 물을 자주 주어 적정한 습을 유지해주면 신아의 밑달림 현상은 나타나지 않는다. 헐겁게 대석을 많이 사용하여 심는 이유는 분내 공극을 크게 만들어 난초의 생육 및 분내의 좋은 환경을 만들기 위함이다. 난초의 뿌리는 호기성이고 균근균 또한 호기성이므로, 공극이 작아 분내에 산소가 적어지면 생존을 영위하기위한 공생관계에서 살아 남기위해서 서로 적대관계로 바뀌기 때문이다. 또한 대석을 사용하여 헐겁게 심으면 물을 줄 때 물빠짐이 좋을 뿐만 아니라 난의 뿌리가 성장하기에 충분한 공간을 확보할 수 있다. 대석을 많이 사용하면 뿌리가 굵고 짧게 되고, 반면 소석을 많이 사용하면 뿌리가 가늘고 길게 되어 화분의 벽을 타고 역으로 올라오는 경우도 발생한다.

난을 심을 때는 올려심기보다는 깊이 심기를 하여야 한다. 올려 심어야 신아가 밑달리지 않는다는 말이 있지만 이는 잘못된 것으로써, 올려심으면 가구경 주위가 건조해져서 신아가 밑달릴 가능성이 오히려 증가하고, 가구경이 부피 성장을 할 때 측면 성장을 방해하는 장애물이 없어서 가구경이 동그랗게 자라게 되어 신아가 밑달리는 또 다른 요인이 되기도 한다. 깊이심기를 하면 분 내에서 측면으로는 난석과 난분에 의하여 압력을 더 받게 되어 측면 성장에 방해를 받아서 벌브가 양파 모양으로 자라지 않고, 럭비공 세운듯한 모양으로 자라서 신아가 밑달리지 않는다. 또한 가구경 주위의 수분 유지에 더 도움이 되어 신아가 밑달리지 않는다.

3.3 철사로 난초 고정하기

뿌리가 약한 어린 유묘나 뿌리가 부실한 난초는 물을 줄때마다 난초의 잎이 흔들리면서 지하부의 뿌리도 함께 흔들리기 때문에, 뿌리를 제대로 활착시키지 못하고 비실거리다가 결국 쓰러지고 만다. 하

(a) 가뿌리 (b) 눌러서 고정 (c) 감아서 고정

그림 10 철사로 고정시키기

그림 11 정양 하기

여, 뿌리가 약한 난초들은 반드시 철사로 고정시켜 주어야 한다. 세가지 방법이 있는데, 첫째는 철사로 가뿌리를 만들어 심는 방법이고, 둘째는 난초를 심은 후 화장토 위에서 난초 좌우로 두 줄의 철사를 눌러 난분에 고정시키는 방법이고, 셋째는 철사의 한쪽 끝을 난분에 고정시킨 후, 난초의 기부와 잎장을 철사로 감아서 직접 고정시키는 방법이다 (그림 10). 뿌리가 부족한 어린 유묘나 뿌리가 부실한 난초는 반드시 철사로 고정시켜 주어야 한다.

4 정양

뿌리를 정리하고 분에 심겨진 난은 그늘에서 일주일정도 정양의 기간이 필요하다 (그림 11). 촉당 서너 개로 잘려나가고 심겨진 난초를 그늘에서 정양하라는 이유는 뿌리가 잘려 나가고 생채기가 생긴 난에게 바로 일을 시킬수 없기 때문이다. 광합성을 시키면 아직 뿌리가 활착되지 않은 상태에서 흡수하는 수분의 량보다 잎의 기공을 통하여 증산하는 량이 커지게 되므로 난초에 탈수증세가 나타날 뿐만 아니라, 영양제나 활력제를 주게 되면 영양제나 활력제가 뿌리의 상처나 크랙이 간 부분으로 직접 흡수되어 뿌리의 조직이 상하기 때문에, 정양 기간 동안은 그늘이 짙은 곳에서 물로서만 정양하는 것이 좋다.

난은 천근성은 아닐지라도 호기성/호습성이다. 물주기는 난분 내에 정체되어있는 공기를 씻어주고 교환해주는 일이다. 그런 이유로 난심기에서 대석 사용량을 늘리는 것도 물주기를 위한 이유 중에 하나이다. 난뿌리를 보면 물과 영양분을 저장할 수 있는 피층구조를 가지고 있다는 것은 건조기의 물에 대한 스트레스를 줄이기 위한 물저장 공간인만큼, 난은 물을 좋아하는 식물이므로 난실의 환경에 상관없이 물이 잘 마르지 않고 통풍이 불량할수록 난에게 물을 펑펑 많이 주어야 한다. 물을 주는 자세한 요령은 다음 절의 물주기를 참조하기 바란다. 정양 기간 중에는 그늘에 두고 매일 충분한 물을 펑펑 주는 것 이외에, 매주 살충 및 살균하는 것을 소홀히 해서는 안되며, 절대 영양제나 활력제를 시비하여서는 안된다.

뿌리정리와 심기, 정양은 건강한 난을 배양하는 첫번째 관문이다. 이 첫번째 관문을 소홀히 하지 말고, 난이 편안하게 잘 성장할수 있도록 세심한 관심과 관찰이 필요하다 할 것이다.

5 물주기

5.1 수경재배

수경재배를 할 때에 난초에 질병이 있거나 뿌리의 상처를 통하여 감염이 된 경우에는 질병이 급속히 퍼져 난초가 바로 쓰러지게 된다. 뿌리 정리를 통하여 상처부위를 모두 막은 건강한 난초를 유리컵 속에 넣고 매주 깨끗한 물만 주기적으로 교환해주면 일체의 영양을 주지 않아도 1년 이상 오랜 기간에도 잘 자란다. 수경재배는 난초가 물 속에서도 잘자란다는 것을 보여주고 매일 물주기에 대한 거부감을 없애기 위한 것이지, 물 속에서 난초를 배양하라는 것은 절대 아니다 (그림 12).

매일 물주기를 하라고 하면, 일반 상식이 되다시피한 "난초는 건조

(a) 사례 1

(b) 사례 2

그림 12 수경 재배

(a) 살수 세기

(b) 낙수 모습

그림 13 살수기로 물주는 모습

하게 키워야 한다"는 생각이 너무 깊게 뿌리내려 망설이는 사람들이 많았다. 이를 불식시키기 위하여 난초의 수경재배를 실험하여 여러 사람들에게 이를 전파하였다. 그 결과 많은 사람들이 1년 이상 수경재배를 하더라도 난초가 죽지 않고 잘 크는 것을 확인한 후, 난초는 건조하게 키워야 한다는 것이 틀렸다는 사실을 점차로 받아들이게 되었다. 최근 1년 이내에 매일 물주기를 받아들이는 애란인구가 크게 늘어나고 있는 추세이다. 머지않은 장래에 대한민국의 모든 애란인이 매일 물주기를 하는 날이 곧 올 것이다. 청산에 배양법에서는 오래 전부터 매일 물주기를 실천하여 오고 있었으며, 서울에서 강원, 제주까지, 아파트 베란다에서 지상 난실까지, 여러가지 다양한 환경의 차이에도 불구하고 성공적인 배양 성과를 보여주고 있다.

5.2 매일 물주기

물주기는 난에 수분을 공급하고, 난분 내의 여러 오염 물질을 씻어내며, 난분의 온도를 낮추고, 난분 내에 정체되어 있는 오염된 공기를 신선한 공기로 교환하여 주는 일이다. 이러한 모든 목적을 충족시키기 위하여서는 살수기로 10초간 물을 펑펑 주어야 한다 (그림 13). 난심기에서 난석을 사용할 때, 대석의 사용량을 늘리는 것도 물을 펑펑 줄 때 물빠짐이 좋도록 하기 위한 것이다. 물을 펑펑 줄 때, 살수기의 수압이 너무 세면 난잎이 꺾이거나 심하게 흔들리면서 난의 기부가 난석에 긁혀 상처가 나고, 이 상처를 통하여 균에 감염되기 쉬우므로, 적당한 세기의 수압을 조절하여 부드러운 물살을 사용하여야 하며, 살수기는 아주 미세한 구멍들이 많이 뚫려 있어 물살이 부드러우면서도 많은 물을 공급할 수 있는 고급 제품을 사용하는 것이 바람직하다.

물은 매일 새벽 4시 경에 주는 것이 가장 좋다. 하루 중 기온과 수온의 온도차이가 가장 적기 때문에 물을 줄 때 난초가 물의 온도 차이에 의한 스트레스를 가장 적게 받을 뿐만 아니라, 날이 밝아 오면서 광합성이 시작될 시간에 맞추어 난이 광합성에 필요로 하는 수분을 충분하게 공급할 수 있기 때문이다. 새벽에 물주기가 어려운 형편이면 아침 일찍 주어도 무방하다. 또한 혹서기에는 난분 내의 온도 유지를 위해서 하루에 2~3회 물을 펑펑 주어도 괜찮다.

난실의 환경이 나빠서 통풍이 잘 안되고 물이 잘 마르지 않을수록 물을 더 자주 펑펑 주어야 한다. 난분의 온도를 유지하고, 분 내 오염물질을 제거하며, 분내 신선한 공기를 교환하여 줌으로써 오히려 난을 더 건강하게 관리할 수 있다. 장마철이나 혹서기에도 매일 물을 펑펑 준다, 겨울철에도 물을 끊지 말고 물을 펑펑 주어야 한다. 일부 애란인들은 물을 주고나서 난의 기부에 고인 물을 마른 휴지를 이용하여 일일이 닦아 주기도 하는데, 그냥 그대로 두면 저절로 난이 기부에 물이 빠져나갈 물길을 만들어 물이 빠져나가므로, 그대로 두는 것이 불필요하게 난잎에 상처를 주지 않고 더 건강하게 잘 키우는 방법이다.

6 살충 살균

6.1 살충의 중요성

방제란 예방과 구제인데, 일단 난이 질병에 걸리면 질병으로 인해 죽음을 맞게 되는 것이 태반이고 설사 죽지 않더라도 관상미를 잃게 되는 경우가 많다. 적절한 예방을 통하여 병의 근원을 막는 것이 현명한 난 기르기이다. 예방을 잘하는 방법은 먼저 해충의 구제이다. 해충이나 그 유충은 난의 잎이나 가구경, 뿌리 또는 꽃대를 먹어 치워 식흔을 남김으로써 난의 관상가치를 떨어뜨릴 뿐만 아니라, 해충을 통하여 병에 걸린 난의 균이나 바이러스 등을 다른 건강한 난에게 전염시키고, 식흔에 의한 상처 부위를 통하여 곰팡이나 세균이 침투하여 2차 감염을 일으키는 원인이 된다. 지상부에 보이는 해충은 눈으로 확인할 수 있어 그나마 구제의 기회를 가질 수 있지만, 지하부에 숨어 있는 해충이나 유충, 알 등은 눈에 보이지 않기 때문에 난초가 쓰러지기 전에는 구제할 기회조차 갖기가 쉽지 않다. 해충은 변태나 우화과정을 거쳐 성충이 된다. 알에서 유충, 유충에서 고치(번데기), 고치에서 성충이라는 단계를 거쳐 번식을 한다. 살충제는 식독이나 신경독, 접촉독, 가스독 등의 독성으로 해충을 죽이는데, 알이나 번데기일 경우 방제를 하더라도 살아 남아 다시 번식을 하기도 한다. 그러므로 해충의 방제는 주기를 두고 방제를 하여야 하는데 일주일이나 열흘 간격으로 4회 이상 방제를 하여야 구제가 가능하다. 이동성이 강한 해충은 박멸이란 있을 수가 없다. 다만 개체수를 조절하는 것일 뿐이다. 그러므로 주기적인 방제가 필요하고 해충 방제후 해충 사체의 부패로 인한 감염을 예방하기 위하여 반드시 다음날 살균작업을 실시하여야 한다.

6.2 매주 살충/살균

난산별곡 충쓸이는 천연 약제로 된 살충제로써, 연용이나 농도 과다에 따른 약해가 없을 뿐만 아니라 인체에도 무해하다. 따라서, 해충의 우화과정에 맞추어 일주일에서 열흘 간격으로 4회 이상 방제를 하더라도 연용에 의한 약해가 없을 뿐만 아니라 해충에 내성도 생기지 않으므로 이상적인 난초 살충제로써 손색이 없다. 단, 해충에 살포되어 약효가 나타나는데 시간이 다소 걸리므로, 해충을 그 자리에서 즉사시키는 용도에는 적합하지 않다. 충쓸이의 농도는 1000:1로 희석하여 사용할 것을 권장한다. 보통 해충들의 활동 시간대가 야간이므로, 살충제는 야간에 사용하는 것이 효과적이다. 살충은 해충 자체의 제거 때문에도 필요하지만, 충의 식흔의 상처를 통한 균의 2차 감염을 막아 주기 때문에 그 중요성을 절대 간과할 수 없다. 즉, 살충이 질병 예방의 가장 중요한 첫 단계인 셈이다.

난산별곡 작물보호제 균쓸이는 천연 약제로 된 살균제로써, 연용이나 농도 과다에 따른 약해가 없을 뿐만 아니라 인체에도 무해하며, 살충제 충쓸이와 함께 사용해도 연용에 의한 약해를 일으키지 않는다. 무엇보다 편리한 것은 곰팡이나 세균에 모두 작용하는 살균제이므로,

곰팡이인지 세균인지 구별하지 않고 살균할 수 있어서 더욱 편리하다. 작물보호제 균쓸이의 농도는 1000:1로 희석하여 사용할 것을 권장한다. 통상적으로 살균은 살충과 함께 실시하는 것이 일반적인데, 전날 밤에 살충을 먼저 하고, 다음날 새벽에 물을 끊고 반드시 살균하여 죽은 해충의 사체가 썩으면서 난이 감염되는 것을 방지하여야 한다. 살균 후 다음날 새벽에는 평소보다 물을 더 많이 관수하여 살충/살균의 잔재물들을 모두 씻어내도록 한다.

충쓸이와 작물보호제 균쓸이는 항상 하루 간격으로 연이어 사용하는 것이 좋은데, 봄부터 가을까지는 매주 살충/살균하는 것이 가장 바람직하다. 주 7일 중 제1일 저녁에 살충하고, 제2일 아침에 관수없이 살균하며, 제3일 아침에 평소보다 물을 더 펑펑 주어 분 내의 오염 물질을 씻어낸다 (그림 14). 매주 살충하는 이유는 작은 뿌리파리가 알에서 유충으로, 유충에서 번데기로, 번데기에서 성충으로, 다시 성충이 알을 낳는데

	새벽	야간
제1일	관수	충쓸이
제2일	무관수, 균쓸이 작물보호제	
제3일	대량 관수 (세척)	
제4일	관수	
제5일	관수	
제6일	관수	
제7일	관수	

그림 14 난산별곡 충쓸이 및 균쓸이 작물보호제 사용 방법
(: 봄/여름/가을 매주 살충/살균 시)

대략 일주일씩 걸리므로, 각 우화 단계에서 효과적으로 살충하기 위함이다. 작은 뿌리파리는 그 자체로는 난에 큰 위해를 가하지 않지만, 그 유충이 난의 뿌리나 가구경에 식흔에 의한 구멍을 내면, 그 구멍을 통하여 균에 의한 2차 감염이 일어나 난초가 병에 걸리게 되므로, 작은 뿌리파리의 방제가 중요하다 할 것이다. 겨울철에는 따뜻한 난실에서 월동하는 해충들이 있으므로, 2주 간격으로 살충/살균하여도 좋다.

6.3 봄/가을 선충 구제

난산별곡 선충쓸이 뿌리보호제는 선충을 구제하기 위한 목적으로 사용한다. 선충은 난을 죽게 만들지는 않지만, 난의 영양을 빼앗아감으로써 난의 생육에 지장을 준다. 난이 본격적인 성장을 하기 직전과 직후인 이른 봄과 늦은 가을에 각각 선충 방제를 하는 것이 좋다. 마지

	새벽	야간
제1일	관수	충쓸이
제2일	무관수, 균쓸이 작물보호제	
제3일	대량 관수 (세척)	
제4일	무관수	선충쓸이 뿌리보호제
제5일	무관수	선충쓸이 뿌리보호제
제6일	무관수, 균쓸이 작물보호제	
제7일	대량 관수 (세척)	

그림 15 난산별곡 선충쓸이 뿌리보호제 사용 방법
(: 봄/가을 각각 1회 시행)

막 물을 준지 24시간 이상이 경과한 후의 저녁에 뿌리보호제 500배 희석액을 관주하고, 다음날 저녁에 다시 한번 더 관주하고, 그 다음날 새벽에 물을 끊고 살균하며, 살균 후 다음날 새벽에 평소보다 물을 더 많이 관수하여 잔재물들을 씻어낸다 (그림 15). 이상의 과정을 1년에 2회(봄/가을) 실시한다.

7 영양

7.1 유기영양

	새벽	야간
제1일	관수	충쓸이
제2일	무관수, 균쓸이 작물보호제	
제3일	대량 관수 (세척)	
제4일	유기영양 시비	
제5일	대량 관수 (세척)	
제6일	관수	
제7일	관수	

그림 16 유기영양 시비 방법
(주 1회 시행 시)

유기영양을 이용한 시비는 고급 난초배양 방법으로 난초의 생육에 가장 바람직하다. 하지만 유기영양은 난분 내에서 부숙되면서 가스를 발생시키므로, 난분 내의 가스 발생을 효과적으로 제거하지 못하면 뿌리가 가스장애를 입어 난초가 쓰러지게 된다. 유기영양은 시중에 몇가지 종류가 있으나, 안전성이 입증된 것만을 사용하여야 하며, 여러가지 종류를 돌려 쓰는 것보다는 한가지를 지속적으로 사용하는 것이 난초의 생육상태를 일관되기 유지하는데 더 도움이 된다. 유기영양을 사용할 때에는 농도가 가장 중요한데, 항상 규정된 농도보다 묽게 사용하는 것이 좋다. 시중에 판매하는 전비나 동양란과 같은 유기영양을 사용할 때에는 봄/여름/가을에는 2000:1로, 겨울철에는 5000:1로 매주 1회 시비하는 것을 기준으로 삼지만, 2배로 묽게 희석하여 주 2회 시비하는 것이 더 바람직하다 (그림 16). 유기영양의 시비 농도와 횟수를 정리하면, 주 1회 시비하는 경우에는 봄/여름/가을에는 2000:1로, 겨울철에는 5000:1로 희석하여 사용하고, 주 2회 시비할 경우에는 봄/여름/가을에는 5000:1로, 겨울철에는 10000:1로 희석하여 사용한다.

유기영양은 유기영양 이외에도 다양한 미량요소들도 포함하고 있으며 자생지의 부엽 속의 영양과 유사하여 별도의 다른 영양제가 필요하지 않은 가장 이상적인 영양이다. 난 뿌리는 균근균과의 공생 관계를 이용하여 영양을 흡수하는데, 유기 영양을 하면 뿌리에서 유기영양을 분해할 수 있는 호르몬이 분비되어 유기영양을 분해하고 그 분해된 영양을 균근균이 흡수하여 난에 영양을 공급한다. 즉, 유기영양을 사용하면 난분 내에 균근균과의 건강한 공생관계의 상태계를 활성화시켜 난의 생육에 가장 이상적이다. 하지만, 유기영양 내의 부숙되지 않은 유기물이 난분 내에서 부숙되어 질소 가스가 발생하여 지하부의 뿌리에 가스 장애를 일으키는 것이 가장 큰 문제이다. 하여, 날이 따뜻할 때에는 유기영양을 하려면, 반드시 매일 물주기를 실천하여 분내 공기를 항상 신선한 공기로 유지시켜 주어야 한다. 매일 충분한 물주기가 수반되지 않는 유기영양 시비는 뿌리에 가스장애를 일으켜 난이 쓰러지게 만든다.

7.2 유기균 배양액과 유기영양

유기영양을 시비할 때, 유기균을 배양하여 함께 사용하면 더 좋은데, 시중에 파는 유기균은 실제로 유기균들이 모두 죽은 상태의 것들이다. 자신이 직접 유기균을 만들어 냉장보관하여 사용하여야 살아있는 상태의 유기균을 사용할 수 있다. 유기균 배양액을 유기영양과 함께 사용할 때에는, 유기영양을 시비하기 전날 밤에 2000:1로 희석(수돗물은 24시간 전에 미리 받아 염소 성분을 제거)한 유기영양에 유기균 배양액을 넣어 하룻밤 묵혀 유기균을 증식시키고 증식된 유기균이 유기영양을 난초가 쉽게 흡수할 수 있도록 분해시킨다. 다음날 아침에 유기균이 배양된 유기영양을 시비한다. 위와 같은 방법은 세 가지 장점이 있는데, 첫째는 유기영양을 분해시켜 난초가 바로 흡수하기 쉽도록 만든다는 점이고, 둘째는 증식된 유기균이 난분 내의 난석에 투입되어 지속적으로 난뿌리와 건강한 공생관계를 유지할 스 있다는 점이고, 셋째는 살균을 통하여 난분 내의 균들이 약해진 틈을 타서 증식시킨 유기균을 투입하여 유익균이 분내 환경을 선점하여 후에 유해균들이 분내부에서 더 이상 자라지 못하게 한다는 점이다. 만일, 유기균 배양액이 없다면, 그냥 유기영양만을 적정농도로 맞추어 사용하여도 무방하다.

유기균 배양액을 만들 때에는 유기균 배양액을 이미 만들어 사용하고 있는 사람의 자문을 얻어 사용하는 것이 가장 바람직하다. 잘못 만들어진 유기균을 사용하는 것은 오히려 난분 내에 유해균을 투입하여 난초의 생육에 지장을 초래할 수도 있기 때문이다. 유기균 배양액을 만드는 자세한 방법은 제3부를 참조하기 바란다.

7.3 무기영양

초심자를 위한 난초배양 방법으로 유기영양과 달리 부숙에 의한 가스 발생을 염려하지 않아도 되는 안전한 영양제이다. 무기영양은 화학영양제로써 주로 질소, 인, 칼륨을 킬레이트화시켜 뿌리에서 바로 흡수되도록 만든 것인데, 난 뿌리의 균근균과의 공생관계의 도움없이 난뿌리로 직접 흡수된다. 난의 성장이 왕성한 시기에는 난이 필요로 하는 영양을 직접 공급할 수 있는 장점이 있다. 또한, 무기영양은 기온이 높은 봄이나 여름에도 난분 내에서 가스를 별로 발생시키지 않으므로, 뿌리의 가스 장애에 대한 위험이 거의 없는 안전한 영양제이다. 하지만, 무기영양을 계속하게 되면 공생 관계인 균근균이 먹이가 없어 건강하게 자랄 수 없고, 난분 내의 건강한 공생관계의 생태계가 파괴된다. 또한, 무기영양은 특정한 영양소만을 공급하므로, 무기영양을 계속 사용하면 난초가 필요로 하는 특정 영양소가 결핍될 수 있기 때문에, 활력제를 주기적으로 사용하여 특정 영양소의 결핍이 오지 않도록 신경 써야 한다.

5월부터 장마철 직전까지는 질소함량이 적당한 무기비료를 2000:1로 희석하여 사용하고, 장마철부터 10월까지는 질소 함량이 거의 없는 무기비료를 1000:1로 희석하여 사용한다. 11월부터 4월까지는 기온이 높지 않아서 가스장애의 위험성이 낮으므로, 유기비료 전비나 동양란(둘 중 하나만 사용)을 5000:1로 희석하여 사용하여도 된다.

생강근이 달린 어린 유묘에게는 무기영양을 절대 사용해서는 안되며, 영양제없이 물만 주어도 잘 자란다. 생강근에 무기영양을 사용하면 무기영양이 생강근으로 바로 흡수되어 생강근의 영양 조직이 썩게 된다. 생강근에 영양을 하려면 유기영양을 하여야 한다. 이미 언급한 바와 같이, 유기영양을 사용하려면 매일 물을 펑펑 주는 것을 잊지 말아야 한다.

7.4 활력제

유기영양을 사용하면, 유기영양에 필요한 미량요소들이 대부분 포함되어 있어 별도의 활력제가 필요하지 않다. 하지만, 난분이라는 특수한 환경에서 자생지와 동일한 영양 환경을 만들어주는 것이 어렵기 때문에, 만약을 위하여 한달에 한번 정도 스티뮤레이트와 같은 활력제를 사용하는 것을 추천한다. 스티뮤레이트는 적정농도보다 더 묽게 5000:1 정도의 희석농도로 유기영양 희석용액에 함께 섞어서 시비하면 된다. 신아가 올라오는 시점 즉 겨울에서 봄으로 바뀌기 직전에는 아미노닥터 5000배 희석액(혹은 미원 2000배 희석액)을 사용하여 아미노산을 공급하면, 겨울동안 활력을 잃은 난들이 활력을 회복하는데 크게 도움이 된다. 겨울을 준비하기 직전인 늦가을에도 아미노산을 공급하면 난초가 겨울을 건강하게 나는데 크게 도움이 된다.

무기영양을 사용하면, 무기영양은 특정 요소의 영양성분들만 포함되어 있는 화학영양제이므로 난초가 필요로 하는 다양한 미량요소들을 제대로 공급하기 어렵다. 하여, 봄가을(5월과 11월)에 시중에 널리 알려져 있는 다양한 활력제 중 한 종류만을 선택하여 주기적으로 부족한 미량요소들을 공급해 주어야 한다.

7.5 기타 고형 비료

고형 비료로써 무기영양제인 마감프K는 6개월마다 난분 화장토 밑에 10~20알씩 넣어 주는 사람들이 있다. 고형 비료로써 유기영양제인 마쓰나가는 가을과 겨울에 부스러기가 떨어져 난분 내부로 들어가지 않도록 스타킹과 같은 망으로 감싸서 분 위에 올려 주는 사람들도 있다. 하지만, 이미 충분한 영양을 공급하고 있을 뿐만 아니라 여러 가지 부작용이 있으므로, 고형 비료는 별도로 사용하지 않는 것이 바람직하다. 마감프K를 사용하면 난분 위에 이끼가 심하게 발생하고, 마쓰나가는 부숙에 의한 고열 및 질소 가스 발생으로 난이 가스장애를 입을 가능성이 있기 때문이다.

8 매일 물주기 전환 시, 주의 사항

평소 건조하게 키우던 난초들을 갑자기 매일 물주기로 전환하면 난초들이 쓰러지는 경우가 있을 수 있다. 그 이유는 평소에 살충과 살균을 적극적으로 시행하지 않아서, 난초 뿌리가 유충의 식흔의 상처를 통하여 균에 이미 감염되었지만, 아직 난잎에까지 그 증세가 나타나지 않았기 때문이다. 결국, 그 난초들은 몇 개월의 시간이 경과하면 어차피 쓰러질 난초였지만, 매일 물주기를 함으로써 균의 활동이 왕성하여져서 난초가 더 빨리 쓰러진 것이다. 즉, 매일 물주기로 전환하지 않고 계속 건조하게 키우더라도 어차피 3~6개월 후에 쓰러질 난초들이 매일 물주기로 인하여 쓰러지는 시점이 좀 더 일찍 당겨진 것이다. 이러한 경우를 당하면 낭패스럽고 매일 물주기에 대한 불신이 생기게 된다.

만일, 건조하게 키우던 난초의 건강상태가 염려스럽다면, 매일 물주기를 시도하기 전에 분을 털어 뿌리를 확인해보는 것도 한 방법이다. 상한 뿌리가 많지 않다면, 감염된 뿌리는 절단하고, 상처가 난 부분은 순간접착제로 막아준다. 하지만, 뿌리 상태가 너무 나쁘면 일일이 뿌리 정리를 다할 수 없는 경우도 있다. 이러한 경우에는 너무 무리하게 뿌리정리를 하면 난초가 세력을 잃어 다시 세력을 얻기까지 오랜 시간이 걸리므로, 심하게 감염된 부분만 정리를 하고 나머지 유충의 식흔 등은 향후 살충/살균과 물주기 관리를 철저히 하고, 세심한 주의를 기울여 배양한다.

평소 건조하게 배양했던 난초를 매일 물주기로 전환하고자 할 때, 일일이 뿌리 정리를 하여 다시 심을 수 없는 경우에는, 다음과 같이 정양 기간을 오래 늘려 잡아야 한다. 먼저, 1~2달동안 시비는 절대 금하고 평소 물주기 습관대로 물을 주고 매주 살충/살균을 시행하여 정양시켜야 한다. 이러한 정양 기간 동안 상처를 통하여 감염된 질병들이 어느 정도 치유된 후에, 본격적인 매일 물주기와 매주 살충/살균, 그리고 시비를 하여야 한다. 매일 물주기로 전환한 후 처음 몇 개월 간은 난초를 세심하게 살펴 조금이라도 이상한 기미가 보이면 바로 난분을 털어 상한 뿌리를 정리하도록 한다. 평소 건조하게 배양했더라도 뿌리에 감염이 없는 건강한 난초들이나 혹은 뿌리 정리를 완벽하게 마친 산채난들은 매일 물주기를 바로 시작하더라도 쓰러지는 경우가 없다.

9 난실 환경

난초는 반음지 식물로써 직사광선을 직접 받지 않는 곳에 두어야 한다. 직사광선이 직접 닿는 경우에는 창에 발을 1~2겹 쳐서 직사광선을 차단하는 것이 좋다. 난초는 주변에서 빛이 반사되어 밝고 훤한 그늘에서 간접광으로 키우는 것이 바람직하다.

난실의 공중습도는 너무 높으면 잎의 증산작용에 지장이 있을 뿐만 아니라 잎에 곰팡이가 발생할 여건이 좋아지므로, 수시로 외부창을 열어 통풍을 시켜 주는 것이 바람직하다. 타이머를 이용하여 시간 당 15분정도씩 난실에 선풍기를 틀어주면 난분 주변의 증발에 의한 높은 공중 습도를 난실 공기와 순환시켜 난초 주변의 공중 습도를 낮추는 효과가 있고, 난잎 주변의 미풍이 공변세포를 자극하여 광합성에 필요한 이산화탄소의 흡수를 더 용이하게 한다. 하지만, 선풍기 바람이 난초에 직접 닿으면 난잎이 흔들리면서 기부에 상처가 생겨 균에 의한 2차 감염을 일으킬 수 있으므로, 선풍기 바람이 난초에 직접 닿지 않도록 주의하여야 한다. 선풍기는 굳이 사용할 필요는 없다.

난분을 설치할 난대의 높이는 난의 배양을 위해서는 낮은 것이 좋고, 관리자 입장에서는 높은 것이 편리하다. 일반적으로 난대 높이를 정하는 기준은 우선 일반 흙바닥일 적에 봄철이면 가장 먼저 기승을 부리는 균이 탄저균인데, 이 탄저균은 바닥에서 습이 올라오면서 난을 감염시키는데 탄저균을 피하기 위한 높이가 80cm 이상이다. 따라서, 흙바닥일 때에는 바닥에서 80cm 이상 띄우는 것이 바람직하지만, 아파트 베란다 바닥은 탄저균이 살지 못하므로 탄저균에 의한 감염 위험이 낮아 굳이 높게 설치하지 않아도 된다. 그럼에도 불구하고 아파트 베란다의 난대는 높은 것이 관리하기에 편리한데, 난대 높이가 높으면 난이 자라는데 수형에 문제가 생기므로 낮은 것이 좋다. 난대 높이가 높으면 좋지않은 이유는 빛이 들어오는 각도 때문이다. 난의 외형에 문제가 없으려면 난대 높이보다 30cm 이상 높게 되도록 창문 아래 쪽의 차광 높이를 조절해야 한다. 아침에 빛이 들어오는 각도를 조절 하라는 뜻이다. 난초는 새벽에 자라는데, 아직 여물지 못한 기부가 빛의 광굴성에 의해 굽어 자라는 것을 방지하기 위함이다. 햇빛 직광이 문제가 아니고(해가 몇시에 들고 나는지가 중요한게 아니라), 춘란은 반음지 식물이라 흐린 날에도 광합성을 하는데 조금 더 밝은 쪽으로 기울어지기 때문에 창문의 하단을 차광하라는 것이다.

자화

제3부 배양 응용

CONTENTS

1 어린 유묘 배양

어린 유묘와 성촉은 배양방법에 있어서 약간의 차이점이 있다. 특히, 유묘에 생강근이 붙었는지 혹은 떼어버렸는지에 따라 차이가 크다. 생강을 떼어버린 유묘는 벌브가 아직 발달하지 않았고 게다가 뿌리의 개수도 충분하지 않아서, 축적된 영양이 부족할 뿐만 아니라, 잎도 어리고 뿌리도 어려서 광합성에 의한 영양합성도 충분하지 않다. 따라서, 성장속도가 매우 느리다. 또한, 유묘의 연약한 뿌리는 유충들의 공격을 쉽게 받을 뿐만 아니라, 난석에 심을 때 상처가 쉽게 나고, 뿌리가 약하여 물을 줄 때 유묘가 심하게 흔들려 상처가 나기 쉬워서 2차 감염에 의한 피해를 당하기 쉽다. 즉, 어린 유묘는 2차 감염으로 쓰러지기 쉬운데다, 생강을 떼어버리면 성장 속도가 느려져서, 2차 감염으로 쓰러질 기회가 더 늘어난다. 하여, 살충/살균에 특별히 더 신경써야 한다.

생강근이 달린 어린 유묘는 뿌리의 개수가 3~4개 이상으로 충분하지 않으면 가급적 생강근을 붙여서 심는 것이 좋다. 어린 유묘는 생강근으로부터 영양을 공급받아야 정상적으로 자랄 수 있기 때문이다. 생강을 붙여 심으면 유묘가 쉽게 죽는다고 하여 무조건 생강을 떼어내고 심는 사람들이 있는데, 이는 배양방법이 잘못되어 생강근 유묘가 쓰러지는 것이지 생강근이 붙어 있어 생강근 유묘가 쓰러지는 것은 아니다. 따라서, 생강근을 떼어내고 심는 일이 없어야 한다. 생강근이 붙은 어린 유묘는 뿌리 정리와 함께 생강근의 정리가 대단히 중요하다. 뿌리나 생강에 상처가 난 것은 상처나 감염 부위를 깨끗이 잘라내고, 감염되지 않도록 순간접착제로 잘 마감하여야 한다. 난분에 심을 때, 연약한 뿌리나 생강에 상처가 나지 않도록 주의하여야 하고, 특히 생강이 햇빛에 노출되지 않도록 잘 심어야 한다. 생강이 햇빛에 노출되면 녹이 차는데, 생강은 녹이 차면 생강근 유묘의 뿌리가 노출되어 곧 죽을지도 모른다고 판단하여 더 이상 유묘에 영양을 공급하지 않고, 생강근이 다시 부엽 등에 덮여 땅속에 묻힐 때까지 활동을 중지하고 기다린다. 따라서, 생강 유묘가 잘 성장하려면 생강을 화장토 속에 잘 묻어서 햇빛에 노출되지 않도록 하여야 한다.

생강근이 달린 유묘가 잘 죽는다고 말하는 사람들은 생강근과 뿌리 정리를 잘못하여 상처를 통하여 균에 의한 2차 감염이 일어났거나, 살충을 소홀히 하여 유묘의 연약한 뿌리에 충이나 유충이 공격을 하여 식흔에 의한 상처를 통하여 균에 의한 2차 감옃이 일어났거나, 물주기를 소홀히 하여 습과 건조를 반복하면서 약한 뿌리가 물에 대한 스트레스를 받아 약해져서 곰팡이의 공격을 받은 경우들이다. 하지만, 위의 이유들보다 더 중요한 가장 큰 이유는 생강근이 달린 유묘에 무기영양을 공급하였기 때문이다. 생강이 달린 유묘는 무기 영양을 주면 킬레이트화된 무기영양이 생강으로 강제 흡수되어 생강을 썩게 만들므로, 생강근 유묘에는 절대로 무기영양을 하면 안된다. 그냥 물로만 키우던지 아니면 유기영양을 사용할 수 있다. 유기영양을 사용할 때에는 매일 물주기를 충실하게 해서, 뿌리가 가스장애를 입지 않도록 각별히 주의하여야 한다.

어린 유묘는 뿌리가 약하여 물을 줄 때 쉽게 흔들리므로, 뿌리의 근모가 계속 움직여 제대로 활착을 못하거나 혹은 기부에 상처가 나서 균의 2차 감염이 생길 수 있다. 어린 유묘는 제2부에서 설명한 바와 같이 철사를 이용하여 절대 움직이지 않도록 고정시켜 주어야 한다.

2 춘란의 여름나기와 겨울나기

2.1 춘란의 여름나기

(1) 장마철

장마철은 난을 기르기에 위기이면서 기회라는 말이 있다. 먼저 위기라 하는 말은 공중 습도에 의한 질병이다. 공중 습도가 높으면 곰팡이의 활동이 왕성해진다. 난분 내의 식재가 습윤건조 중에서 건할 때 난분 내의 곰팡이 발생이 쉬워진다. 따라서, 장마철 공중 습도가 높을 때, 날씨가 습해서 난이 병에 걸릴까 염려하여 난에 물주기를 끊으면 난분 내부가 건 상태가 되어 난이 곰팡이 균에 의한 질병에 노출될 위험이 가장 높아진다. 기회라는 말은 자생지 난들은 가뭄으로 탈수현상을 보이다가 장마라는 기회에 내리는 빗물에 의하여 부엽에서 우러난 영양과 물을 한껏 먹을 수 있게 되어 장마철 후에 보름쯤 지나면 자생지에서 생강유묘나 신아가 많이 자라 나온다. 자생지에서는 공중습도가 높은 만큼 식재도 충분히 젖어 있어서 식재가 습윤건조 중의 윤의 상태이므로 곰팡이가 발생하지 않기 때문이다. 다라서, 장마철에 질병을 예방하기 위해서는 공중 습도를 낮추거나 물을 매일 펑펑 주어 난분 내의 식재의 상태를 습이나 윤 상태로 유지하여야 한다. 공중 습도가 높은 장마철에 오히려 매일매일 더 자주 더 많은 물을 펑펑 주는 것이 곰팡이 균의 발생에 의한 질병 감염의 위험을 낮추는 일인 것이다. 장마철에 절대로 물을 끊어서는 안된다.

난기르기에서 장마철은 더 많은 물을 주고 더 많은 영양을 하여야 한다. 장마철이나 혹서기에는 난의 성장이 빠르므로 더 많은 영양이 필요하지만, 온도가 높아 난분 내에서 부숙에 의한 가스장애가 발생할 염려가 크다. 따라서, 유기영양을 사용하는 경우에는, 매일 충분한 양의 물을 펑펑 주지 않으면, 가스장애가 생겨 난이 쓰러질 위험이 높아진다. 만일 초심자가 매일 물주기에 자신이 없으면 가스장애의 위험이 높은 유기영양을 사용하지 말고 질소 함량이 거의 없는 무기영양을 사용하는 것이 바람직하다. 장마철에도 물을 더 많이 펑펑 주면 유기영양을 사용하더라도 충분히 가스장애를 예방할 수 있을 뿐만 아니라 난분 온도의 상승도 막을 수 있어, 난초가 평소보다 더 왕성하게 잘 자란다.

장마철에는 특히 해충들의 생육상태가 더욱 활발해진다. 해충들이 난에 직접적인 위험을 주는 경우는 많지 않지만, 질병을 전염시키거나 혹은 충의 식흔의 상처를 통하여 곰팡이나 세균의 2차 감염에 의한 질병이 빈번하므로, 살충에 매우 신경써야하며 아울러 살균에도 주의하여야 한다. 매주 살충/살균하는 것을 강력하게 추천한다. 그러면, 난은 장마철과 혹서기에 더 튼튼하고 빠른 성장을 할 수 있어서, 위기 대신 기회를 잡을 수 있게 된다.

(2) 혹서기

장마가 끝이 나면 이내 찾아오는 더위는 강한 햇볕이 문제가 된다. 난은 반음지 식물이라 오전 중에는 보드라운 햇볕을 쪼이게 하고 한낮에 강한 자외선을 막기 위해 갈대발이나 그늘막 등으로 2중 3중으로 60%~90% 정도를 차광해야 한다. 한여름 한낮 강한 햇빛 속의 자외선은 사람 인체 뿐만 아니라 음지식물에게도 살균 및 피부조직을 파괴하는 기능이 있어서, 난에게 치명적이며 사람에게는 피부암까지도 유발한다. 난의 품종에 따라 60%정도 차광하거나, 엽예의 경우 중투나 서 등은 90%정도로 차광한다. 난실의 조금 더 밝고 어두운 곳을 찾아 화분의 위치를 바꾸는 것도 한 방법이다. 온도가 낮은 오전에 일조량이 부족한 경우에는 저녁 햇살로 보충을 해주는 것도 좋은 방법이다. 저녁 햇빛은 난에게 좋지 않다는 말은 전혀 근거없는 말이다.

인터넷을 찾아보면 난이 성장할 수 있는 온도가 12도에서 33도이며 난의 성장 최적온도는 25도에서 28도 사이로 이 온도에서 성장이 가장 왕성하고 33도 이상의 온도에서는 난이 여름 휴면을 갖게 된다는 설이 있는데, 이 것은 잘못 알려진 정보이다. 대부분 한여름 고온기는 춘란이 여름 휴면을 한다고 알고 있지만 춘란은 여름 휴면을 하지 않는다. 온도가 높으면 성장을 멈춘다고 하지만, 난실의 온도가 40도를 웃도는 고온에서도 난은 하루하루 자라는 것이 눈에 띌만큼 왕성하게 잘 자란다. 이러한 난을 두고 여름 휴면 이라는 이유로 물과 영양을 끊는다는 것은 춘란을 병약하게 하고 난분 속의 환경을 악화시키는 일이다.

물은 사시사철 매일 이른 아침에 충분히 펑펑 주도록 하고, 혹서기에는 하루에 2~3회씩 물을 주어도 된다. 물을 펑펑 주면 고온으로 인해 난분 내부에 발생한 가스를 신선한 공기로 교체하여 줄 수 있을 뿐만 아니라, 난분 내부의 온도도 떨어뜨릴 수 있어 도움이 된다.

영양을 할 적에는 물주기가 충분하면 유기영양을 사용하여도 무방하지만, 물주기에 자신이 없으면 질소질이 거의 없는 무기영양제를 아주 묽게 하여 주거나, 아니면 더 이른 아침에 영양을 하고 1시간 후에 물로 깨끗이 씻어 내도록 한다. 영양은 농약과 달리 반감기가 없고 오히려 수분의 증발에 따라 영양의 농도가 더 올라가기 때문이다. 난의 생육이 왕성한 때이므로 시비는 더 묽게 더 자주 주는 것이 좋다. 일반적으로는 매주 1회 시비한다. 여름 휴면이라는 말로 난을 고생 시키지 말고 화아 분화한다고 물을 말리는 일이 없어야 한다. 여름에 물과 영양을 끊어 난에게 생명에 대한 위협을 느끼게 함으로써 종족보존 본능을 일깨워 화아 분화를 유도하는 것은 잘못된 배양방법으로, 충분한 물과 영양을 공급하여 난이 종족 번식에 최적의 시기라는 것을 느끼게 함으로써 종족 번식 본능을 일깨워 화아 분화를 유도하는 것이 올바른 배양방법이다. 이러한 화아 분화를 위해서는 혹서기에 난이 열대야를 3일 이상 경험하도록 해주면 도움이 된다.

한여름 발병하기 쉬운 병으로는 탄저병, 백견병, 연부병, 부패병, 흑반병 등이 있다. 습도가 높고 온도가 높을수록 매주 살충/살균에 더욱 힘을 써야 한다. 일단 발병이 된 난은 최소 3개월 이상을 치료하여야 한다. 눈에 병증이 보이지 않는다는 것은 난의 병이 치료된 것이 아니라 멈추고 있을 뿐이기 때문에 치료기간을 최소 3개월로 잡는 것이다.

2.2 춘란의 겨울나기

많은 애란인들이 잘못 알고 있는 상식 중 가장 대표적인 것이 "난은 겨울에 동면 또는 휴면을 하기 때문에 물과 영양을 끊고, 살충 및 살균도 하지 않는다"는 것이다. 하지만, 이는 크게 잘못된 배양 상식이다. 겨울철에도 난은 신아를 발생시키고 꽃대를 밀어 올리는 등 눈에 보이지 않게 바쁜 겨울나기를 하고 있다. 온도가 낮아서 성장은 눈에 보이지 않을 정도로 미미하여 겉으로 보기에는 휴면처럼 보이나, 동해와 냉해를 예방하기위해 스스로 지하부 뿌리로 물을 내리면서도 최소한의 광합성을 하고 영양도 비축하고 벌브도 키우고 꽃대도 올리고 하는 과정을 꾸준히 해나가고 있다.

겨울철의 난이 성장에 영양을 소비하는 것을 일단 멈추고 내년 봄 신아를 위한 영양을 비축하기 위하여서는 최저 온도 4도 이상 최고 온도 12도 이하를 유지하여야 한다. 최저온도 4도는 혹시라도 동해를 입을 수 있는 외기 온도로부터 보호하기 위한 것이며 실제로는 빙점에 가까운 온도에서도 문제가 되지는 않는다. 그리고 4도의 온도는 유기균이나 기타 유익균의 활동이 둔화되거나 휴면하는 온도인데, 유기균이나 유익균들도 성장만 하는 것은 균의 세력이 점차 떨어지게 되므로 휴면 후에 다시 번식시키는 것이 활동성이나 성장률도 높기 때문이다.

4도에서 12도 사이의 일정한 온도로 유지시키려고 노력하는 이유는 영양이 성장에 쓰였다가 비축되었다가를 매일 반복하게 된다면 난에게 생장과 정지에 따른 피로도로 인하여 냉해 동해 등 좋지 못한 결과를 초래할 수 있으므로 이를 미연에 방지코자 함에 있다.

겨울철에는 광합성을 돕기 위해 하루 종일 햇빛을 쪼여도 좋다. 또한 매일 물주기를 한다. 잠아의 형성을 보면 한 겨울에 눈을 가지게 되고 봄철이 되어 신아로 출아하게 되는데, 겨울철 물주기가 인색하면 신아가 밑달릴 수가 있다. 또한 겨울에도 난은 영양을 비축하고 신아를 올리기 위한 준비를 계속하고 있으므로, 매일 물을 주어 난이 물 부족으로 인한 스트레스를 받지 않도록 한다. 영양은 유기영양을 공급하여 준다. 무기영양이 비타민제라고 보면 유기영양은 밥이라고 할 수 있다. 신아가 튼튼하게 나오지 못하고 쉽게 노대가 나는 경우는 유기영양의 결핍 때문이다. 다만, 유기영양을 할 때 겨울은 난의 활동이 둔한만큼 농도를 묽게하여 준다. 유기영양제의 농도를 5000:1로 묽게 자주 영양을 주어야 한다. 겨울에도 살충 및 살균을 지속적으로 시행하여야 한다. 다만, 살충/살균 간격을 2배 정도로 늘려서 하면 좋다. 2주 간격으로 제1일 저녁에 살충하고 제2일 새벽에 관수없이 살균하며, 제3일 새벽에 물을 펑펑 주어 잔존물들을 씻어내는 것을 추천한다. 월동하고 있던 충의 알이나 번데기들을 겨울에 미리 박멸할 수 있고, 지난해 병에 걸렸던 모촉에 잠복해 있던 균들을 박멸할 수 있기 때문이다. 겨울에 곰팡이와 세균을 모두 살균하고 질병에 미리 대비하여야 내년 봄에 보다 더 건강한 모촉과 신아를 기를 수 있다.

냉해는 주야간 온도차이가 15도 이상 나면서 5도 이하로 떨어지는 경우에 발생하는 난의 피해를 말하고, 동해는 빙점 이하의 온도가 장기간 유지되어 난의 벌브나 뿌리가 얼어버린 상태를 말한다. 자생지에서는 거의 동해도 냉해도 입지 않는데 이는 자생지의 난은 이미 겨울을 맞이할 준비로 난잎이나 벌브 뿌리에 생명을 유지하기 위한 최소한의 수분만 가지고 있기 때문이다. 뿌리 심층까지 얼어버린다면 동해를 입을 수 있으나 뿌리 해면층이 얼었다 해서 동해를 입는 것은 아니다. 그리고 산속 자생지에서는 충분한 유기질의 비료가 당으로 축적되어 있기 때문에 빙점 이하의 온도에서도 난이 얼지 않을 뿐만 아니라, 부엽토가 부숙하면서 나오는 열기로 인해 동해로부터 비교적 안전하다. 냉해란 난이 성장을 준비하여 물 올리기를 하는 도중 영하로 온도가 내려가지 않아도 성장이 멈추는 온도까지 내려가게 되면 다시 결빙을 방지하기 위해 체내의 물을 내려야 하는데 물 내리는 시간이 부족해서 오는 부작용이다. 동해로 난을 죽일 수는 있지만 냉해로는 성장장애가 일시적으로 나타날 뿐 난이 죽지는 않는다. 난실에서 동해를 입은 난을 동해를 풀기위해 급작스런 온도 변화를 주는 것은 오히려 난에게 치명적이다. 통에 물과 얼음을 채운 다음 난실에 15분정도 놔두었다가 동해입은 난을 난분 채로 물에 담궈 30분 이상 둔 다음에 0도에서 5도 이하의 환경으로 이동시켜 얼음이 완전히 녹고 수온이 실내와 비슷해질 때까지 두면 된다.

겨울의 막바지에 즉, 봄으로 바뀌기 직전에 (2월 중순~하순) 겨울 동안 쇠약해진 난의 기력을 회복하기 위하여 아미노닥터를 5000배 희석하여(혹은, 미원을 2000배 희석하여) 아미노산을 일주일 간격으로 2회정도 관주하면 모촉과 신아가 후육으로 발전성이 좋아진다. 또한 살충/살균에도 더욱 신경을 써야 한다. 만일 겨울동안 2주 간격으로 살충/살균하였다면, 이 시기부터 다시 매주 살충/살균하도록 한다.

3 신아받기

3.1 튼실한 신아 만들기

가을이 접어들면서 온도가 내려가면 여름동안 무기영양을 사용한 경우에는 그 동안 사용한 무기영양제를 접고 유기영양으로 바꾸어준다. 무기영양이 비타민제라고 보면 유기영양은 밥이라고 할 수 있다. 신아가 튼튼하게 나오지 못하고 쉽게 노대가 나는 경우는 유기영양의 결핍 때문이다. 다만, 유기영양을 할 때 겨울은 난의 활동이 둔한만큼 농도를 묽게하여 준다. 유기영양제를 5000:1로 묽게 자주 영양을 주어야 한다. 춘란은 겨울에 동면이나 휴면을 하지 않는다. 겨울철에도 유기영양을 흡수하고 광합성 작용을 하여 신아를 발생시키고 꽃대를 밀어 올리는 등, 춘란은 눈에 보이지 않게 바쁜 겨울나기를 하고 있다. 겨울동안에도 매일 물주기를 지속하면서 유기영양을 계속 하면 난초는 신아를 올리고 꽃대를 올리는데 필요한 영양을 지속적으로 비축하므로, 봄철에 건강하고 주먹만큼 굵은 신아를 받아 볼 수 있다 (그림 17).

3.2 신아 받기

난을 심을 적에 벌브 아래에 공극이 생기면 신아가 밑단다는 설 때문에 예전에는 벌브 아래를 핀셋으로 빈틈이 없도록 차곡차곡 채웠던 적이 있었다. 하지만 그럼에도 불구하고 물주기에 인색하면 신아가 밑달려서 오히려 모주까지 기울어뜨려 관상미를 떨어트리게 만든다. 혹자들은 올려심기를 하면 밑달기를 방지할 수 있다고 하는데, 올려심기와 함께 물을 자주 많이 주었기 때문에 신아가 밑달리지 않는 것이지, 올려심기를 해서 신아가 밑달리지 않은 것이 아니다. 신아는 새로 형성될 때부터 나중에 독립할 것을 예상하고 발아하기 때문에, 물관리가 잘못되면 조금이라도 습이 더 남아 있어서 뿌리내림이 쉬운 곳에 신아를 형성하므로 신아가 밑달리게 된다. 난을 심을 적에는 난석으로 벌브 위까지 덮어주어 난석이 난분의 측벽을 통한 압력을 벌브에 전달시켜 벌브의 모양이 세워 놓은 럭비공처럼 길쭉하게 되도록 유도한다.

겨울에도 매일 물주기를 한다. 잠아의 형성을 보면 한 겨울에 눈을 가지게 되고 봄철이 되어 신아로 출아하게 되는데, 겨울철 물주기가 인색하면 신아가 밑달릴 수가 있다. 또한 겨울에도 난은 영양을 비축하고 신아를 올리기 위한 준비를 계속하고 있으므로, 매일 물을 주어 난이 물 부족으로 인한 스트레스를 받지 않도록 한다.

가을 빛은 한줌의 보약과 같다는 말이 있다. 그래서 가을부터는 채광량을 좀 더 늘리기 시작하고, 겨울철에는 광합성을 돕기 위해 하루 종일 햇빛을 쪼여도 좋다. 난초는 굴광성이 있어 신아가 나오기를 원하는 부분을 가을부터 겨울동안 햇빛 쪽으로 돌려놓으면 원하는 위치에 신아를 받을 수 있다.

입춘부터 난실 문을 닫고 온도를 높여준다. 겨울 동안 지친 난에 생기를 불어 넣기 위하여 아미노닥터 5000:1(혹은 미원 2000:1)와 같은 아미노산을 공급하여 활력을 되찾게 해 준다.

신아가 밑달려서 제거해야 할 위치에 눈 점이 붙었거나 또는 엽예품 중 원하는 엽예가 나오지 않는 위치에 눈 점이 붙었다면, 손톱으로 신아를 눌러 제거해주면 된다. 구촉이 할미촉이라 눈점이 생기지 않는 경우는 홀몬제로 눈점을 만들 수도 있다. 면봉 끝의 솜을 1/3 크기로 잘라서 홀몬제를 묻혀서 초상엽을 살짝 제친다음 원하는 자리에 붙여 두는 방법이 있고 다른 방법은 주사기로 홀몬제를 넣어서 벌브에 상처를 살짝 내고 바르는 방법도 있다. 그러나 이러한 방법들은 홀몬제의 부작용이 꼭 따른다. 정상적으로 신아가 발생하면 바로 뿌리가 내리지만, 홀몬제를 사용하였을 경우에는 뿌리가 제대로 내리지 않아 발근제라는 홀몬제를 함께 사용하여야만 한다. 하지만, 발근 홀몬제를 사용하여 뿌리가 나온 경우에는 다음 신아 역시 뿌리 내림이 곤란한 점이 많아지므로 홀몬제를 사용하지 않고 형성된 신아까지도 애를 먹게 된다. 따라서, 홀몬제를 사용한 신아받기와 그에 따른 홀몬제를 사용한 뿌리내리기는 추천하지 않는다.

3.3 신아 기르기

난의 신아는 겨울철에도 영양을 끊지 말고 유기 영양을 계속해야하며 겨울에는 더 많은 채광을 해야 하고 물주기에 인색하지 않아야 한다. 신아가 표토 위로 올라와서 자라다가 성장이 멈추는 경우를 많이 보았을 것이다. 그런 경우는 신아가 밑달려 자라거나 신아의 기부가 난석과의 마찰에 의한 상처로 인해 무름병이 온 것이거나, 신아의 뿌리가 내리다가 야간 영양으로 인하여 뿌리 끝 생장점이 탄화가 된 것이거나, 겨울철 영양이 부족한 경우 늙은 모촉은 자신을 버리고 신아를 키우지만 젊은 모촉일 경우에는 자신이 살기 위하여 신아를 버리거나 등등 많은 이유가 있다. 또는 신아 철에 잿물이나 사용하지 말아야 할 제제를 사용한 경우 신아의 성장이 멈추게 된다. 신아 성장의 멈춤은 무조건 문제가 있다고 봐야 하므로, 그 해결 방법을 찾아야 한다. 신아 성장이 일주일 정도 멈추면 빠르게 화장토를 걷어내고 뿌리를 확인해야 한다. 뿌리에 탄화가 있을 경우 농약이나 영양 장애로 보일시 녹두를 한줌 볶아서 물에 약을 달이듯이 달여서 그 물을 식혀 500배로 희석하여 관수하면 농약이나 영양제에 대한 해독을 시키는데 효과가 있다. 겨울철을 제대로 보낸 신아는 무조건 모주보다 좋아야 한다. 겨울철에 유기영양을 제대로 비축하지 못하여 신아가 약하거나 엽육이 박육인 경우에는, 아미노닥터를 5000배 희석하여(혹은, 미원을 2000배 희석하여) 아미노산을 월2회 관수하면 후육으로 발전성이 좋아진다. 아미노산은 발효성 바이오 핵산이라 식물이 자라는데 원기소 같은 역할을 한다. 신아 철 물주기 만큼 어려운 것이 없다. 다 자라 가는 신아를 죽이는 예가 허다하고, 신아 기부의 조직이 치밀하지 못해 물주기 할 때 수압에 의해서 신아 기부에 충격을 주어 기부 조직에 상처가 나고,

선풍기 바람에도 기부에 손상을 받게 된다. 공기 중에 곰팡이 균도 함께 우려 하지 않을 수 없으며 상처가 난 연약한 신아의 기부에 감염이 되어 다 자란 아까운 신아를 잃어버리는 예가 많이 있다. 하여, 신아가 표토 위로 뚫고 올라 와서 성장할 때에는 연약한 신아의 기부에 상처가 나지 않도록 특별히 물을 더 살살 주어야 한다.

3.4 신아 방제 및 영양하기

봄에 신아가 올라오고 온도가 조금 올라가게 되면 관수한 다음날 신아가 물러 빠지는 경험들이 있을 것이다. 난석 주변에도 유해균들이 있을 수 있고, 그보다 우선 되는 것은 모주 촉이 가진 균으로 부터 신아가 감염되어 저항성이 부족한 신아가 물러 빠지게 되는 경우가 대부분이다. 겨울에도 미리 살충 살균을 하면 다음해 봄 신아를 키우기가 훨씬 수월해진다. 월동하고 있던 충의 알이나 번데기들을 겨울에 미리 박멸할 수 있고, 지난 해 병에 걸렸던 모촉의 균을 박멸할 수 있기 때문이다. 겨울에 곰팡이와 세균을 모두 살균하고 질병에 미리 대비하여야 건강한 신아를 기를 수 있다.

영양제는 유기영양을 사용하는 경우에는 가스장애가 발생하지 않도록 충분한 물을 펑펑 주어야 하는 것을 절대 잊지 말아야 한다. 물주기에 자신이 없는 초보자는 봄철부터 장마전까지 무기영양으로 질소질이 다소 높은 것을 사용하고, 장마이후부터 가을분갈이 이전에는 무기영양으로 질소질이 적은 것을 사용하면 된다. 유기영양은 겨울 이후

(a) (b) (c)

그림 17 튼실한 신아들

봄과 여름의 더운 계절에는 물주기에 자신이 없는 초급 애란인은 사용하지 않는 것이 바람직하다. 고온에 의해 난분 내의 온도가 상승하면 유기영양에서 가스를 발생하여 가스장애로 인하여 신아의 연약한 뿌리가 상할 염려가 있기 때문이다.

4 꽃대 관리

혹서기에 열대야를 며칠동안 거치면 화아가 분화되어 꽃대가 달린다. 혹서기가 지나서 8월 중순이후 더위가 물러가면 꽃대가 달릴 것으로 예상되는 난분 위에 수태를 덮어 둔다. 9월 중순이후부터 수태를 열어보아 꽃대가 화장토를 뚫고 올라왔으면 화통을 씌운다. 화통은 꽃대가 상하지 않도록 충분히 큰 것으로 준비하고 철사로 감아서 난분에 고정시킨다. 화통의 외부가 검정색이면 열을 축적하여 화통 속의 온도가 올라가서 꽃대가 겉자라므로 화통의 외부에 알미늄 호일을 감아주는 것이 좋다. 꽃대가 달린 난은 다소 어둡고 더 추운곳으로 자리를 옮겨준다. 또한, 무기영양을 하고 있는 경우 꽃대가 달린 난에게는 질소성분이 적은 무기영양을 하는 것이 좋다.

황화나 백화는 조기 차광에 주의하여 꽃잎 끝에 녹이 물리지 않도록 주의하며, 2월말까지 차광시킨다. 꽃피기 바로 전에 화통을 제거하는데, 후발색일 경우에는 개화 10일전에 화통을 제거하고 그늘에서 개화시킨다. 주금화는 선천성은 빛이 많이 필요하지 않고, 후발인 경우 개화 시 화통을 제거하고 일조량을 조금씩 늘려가며 발색을 시킨다. 홍화나 적화의 경우, 온도 관리가 화색을 좌우하므로 12월말에서 1월 중순 사이에 화통을 제거하고 저온에서 오전 햇빛으로만 채광을 하여 발색시킨다. 자화의 경우, 수태처리만 하고 화통은 거의 하지 않는다. 화통을 하지 않으면 꽃이 작고 풍성하지 못한 경우에는 꽃대의 온도와 습도를 높이기 위해 투명 화통을 씌우면, 화육도 좋아지고 화경과 화판도 길어져서 풍성한 자화를 볼 수 있다. 복색화의 경우, 홍계열 복색일 경우에는 수태나 화통 처리 없이 기르다가 꽃대가 화장토 위로 3cm 정도 올라오면 화통을 씌우고, 1월 중순이나 2월초쯤 화통을 제거하고 서서히 채광한다. 주금 복색일 경우는 1월말이나 2월초에 화통을 벗겨 채광한다. 복색의 경우, 녹과 색의 대비가 선명하지 못하면 복색화로써 대접을 받지 못하므로 채광을 시켜 발색과 녹을 채워야 한다. 산반화나 복륜화의 경우에도 자화와 같이 수태나 투명 화통을 하면 된다. 순소심의 경우에는 녹과 설의 대비를 선명하게 하기 위하여 투명 화통을 하는 것이 좋다. 녹을 생성시킬 때에는 강한 광은 탈색이 되거나 좋지 않으므로 오전 빛에 채광하는 곳이 좋다.

만일 꽃대를 특정한 방향으로 향하게 하고 싶으면 한번에 꽃대를 비틀지 말고, 철사를 이용하여 매일 조금씩 꽃대의 방향을 돌려 방향을 잡는다.

5 분촉

난을 기르다 보면 촉수가 늘어나서 난을 나누어야 할 시기가 온다. 난을 분촉 할 때에는 잘드는 칼이나 가위를 소독하여 직접 잘라내는 방법도 있으나, 여기서는 칼이나 가위를 사용하지 않고 분촉하는 방법을 소개 하고자 한다. 칼이나 가위를 사용하지 않고 분촉하는 방법은 내년에 분촉할 대상을 올가을에 분갈이를 하면서 미리 손질하여 두는 방법이다.

분촉할 난을 분갈이할 때 두촉 이상을 한 묶음으로 미리 벌브 연결부를 몇 번씩 뒤틀어 두었다가 심는 방법이다. 분촉은 최소 두촉 단위로 하는 것이 안전하다. 떼어 내지 않는 이 방법은 벌브끼리 서로 연결되어 있어 영양을 나누기도 하지만, 떼어낸 상처를 통하여 세균에 감염되는 경우를 피할 수 있다.

벌브를 몇 번 뒤틀어 연결관을 망실시켜 심을 때 좋은 점은, 연결관이 완전 단락된 상태가 아니기 때문에 서로 보완작용을 하는 점도 있지만 독립을 하게 됨으로 분촉 되는 곳에서 새 신아를 올리기 때문에 이듬해 신아를 포함하여 세 촉을 분촉하게 되면 분촉된 난도 힘들이지 않고 자생 할 수 있다.

이 방법은 촉수를 늘이는 방법도 될수 있다 난상인이 아닌 이상 한 촉 씩 비틀어 두는 방법은 권하고 싶지 않다. 이듬해 신아를 달아 분촉하는 난에게서도 마찬가지로 몇 번을 더 뒤틀어 떼어 내는 것이 좋다. 연결도관 조직을 비틀어서 완전히 망실시켜 떼어내는 것이 가위나 칼로 잘라 내는 것보다 상처로 인한 2차 감염을 막을 수 있기 때문이다.

칼이나 가위로 잘라낸 경우, 잘라진 단면은 순간접착제로 반드시 차폐시켜 균의 침입을 차단시켜야 한다.

6 분갈이

분갈이는 난초가 건강하다면 2년에 한번 꼴로 가을에 (병약한 난은 수시로) 해주는 것이 좋다. 주간온도가 30도 이상 올라가지 않고 25도 이하로 내려가지 않는 시점이 좋다. 분갈이 후에 뿌리의 활착을 도와 활동성이 있을 때 안정을 취하게 함으로써 새로운 유기 영양을 비축해 둘 수 있다. 춘분이나 추분같은 절기를 기점으로 하는 것보다 온도를 기점으로 하는 것이 좀 더 과학적인 접근으로써 분갈이에 유용하다.

일단 난분을 털고 뿌리의 상태를 확인한 후, 상한 뿌리가 있으면 절단하거나 정리하여 순간접착제로 마감하고, 젖은 대석으로 다시 심으면 된다. 평소 매주 살충/살균하여 예방에 치중하고 있으면, 분갈이 시에 별도로 약물에 침지하거나 소독할 필요는 없다.

정기적인 분갈이 시기가 아니더라도 난의 상태가 의심스럽거나 하면 일단 2~3cm 정도 깊이로 화장토를 부어 난의 가구경과 뿌리의 시작점들의 건강 상태나 신아가 밑달렸는지를 확인할 수 있다. 가구경이나 뿌리의 건강에 이상이 있거나 신아가 밑달렸다면, 난분을 털어 필요한 조치를 취한 후 분갈이를 하여야 한다.

7 춘란의 질병과 예방 및 치료

7.1 질병의 발병

춘란의 질병은 대부분 잘못된 배양 방법에서 비롯된다. 특히, 살충을 소홀히 함으로써 많은 난초들이 질병에 시달리게 된다. 해충은 그 자체로는 난초에 큰 위해를 가하지 않지만, 균낭을 가진 해충을 통하여 질병이 전염되거나, 충의 식흔과 같은 상처를 통하여 균의 2차 감염이 일어나 난초가 쓰러지게 된다. 곰팡이의 포자는 공중으로 떠돌아다니다가 난초에 안착한다고 하여 다 곰팡이로 자라는 것이 아니라 적합한 환경이 되어야 곰팡이로 진행하는데, 포자가 공중을 떠돌아다니더라도 건조한 공기에서는 죽고 만다. 그러므로, 난실의 공중 습도를 낮추는 것이 곰팡이를 예방하는 한가지 방법이다. 흔히 공중습도를 70~80%로 올려야 한다고 주장하는 사람들이 있지만, 공중 습도가 높으면 난초가 증산작용에 방해를 받을 뿐만 아니라 곰팡이에 의한 질병에 더 취약해진다. 또한, 난초에 화학농약을 연용하면 난 자체의 세력약화로 인하여 작은 병에도 쉽게 무너진다.

난초의 질병은 다양한 원인에 의하여 나타나는데, 잘못된 배양 환경이나 곰팡이, 세균, 또는 바이러스에 의하여 나타난다. 난잎에 검은 반점이 생기거나 기부가 흑변하거나 난잎끝이 흑변하는 것은 모두 진균(곰팡이)병이다. 곰팡이병은 초기에 작은 흑점에서 시작되어 영역을 넓히면서 번식을 하는데, 곰팡이는 기공이나 세포와 세포 사이 즉 세포벽이나 충흔이나 기타 뿌리를 쉽게 내릴 수 있는 곳에 뿌리를 내려 영양을 갈취하여 번식하므로, 처음에는 병흔이 볼록하다가 치료가 되면 움푹패이는 것을 알 수 있다. 세균성 질병은 난잎이 황변한다. 세균성 질병에 걸리면 대개 기부에서부터 황변하지만, 잎끝이나 잎 가운데에서 황변하는 수도 있다. 보통 세균성 질병은 황변 후에 물러지거나 황변 후 흑변하거나, 바로 흑변할 수도 있다. 곰팡이병과 다른 것은 흑변한 곳이 부풀어오르거나 움푹패이거나 하지 않는 것이 곰팡이병과 다른 점이다.

7.2 질병의 종류

(1) 물관 썩음병

사과 썩은 것과 같은 색감으로 벌브에서부터 기부를 거쳐 잎장으로 썩은 물이 올라오면, 뿌리나 벌브에 난 상처를 통하여 오염물질이 유입되어 도관으로 타고 올라오다 벌브나 기부의 도관을 막아 썩어 들어가는 것이다. 이러한 일이 일어나는 이유는 충이나 유충의 식흔의 상처를 통하여 뿌리가 썩어 오염물질이 올라오거나, 밑달린 신아가 모촉의 뿌리 사이에 끼여서 뿌리의 일액에 의하여 상처가 나서 벌브가 썩어 오염물질이 올라오는 경우이다. 이러한 경우는 치료방법이 전혀 없고 해당 촉을 떼어내어야 한다. 또한 만일 뿌리가 썩은 부분이 있다면 썩은 뿌리를 정리한다.

이를 방지하기 위하여서는 매주 살충을 실시하여 충에 의한 뿌리와 벌브의 공격을 사전에 차단하도록 노력하여야 한다. 또한, (난초를 난분에 심을 때) 내려심기와 매일 물주기를 하여 신아가 밑달리지 않도록 노력하고, 신아철에는 밑달린 신아로 의심되는 것들은 화장토를 살짝 부어 밑달렸는지 확인하여야 한다. 신아철에는 항상 신아의 상태를 세심하게 관찰하여 신아의 기부나 잎장에 조금이라도 변색되는 기미가 보이면 화장토를 부어 밑달리지 않았는지 확인하여야 한다.

이러한 물관 썩음병의 경우에 병든 부위를 조사하면 푸사리움이나 어위니아 등의 곰팡이들이 검출되는 경우도 있는데, 이는 썩어들어가는 부위가 처음에는 균이 없던 상태에서 주변의 곰팡이균들에 의하여 감염된 것이지, 균에 감염되어 썩어들어간 것은 아니다. 따라서, 썩은 부위에 발생한 균들을 죽이려 할 것이 아니라, 벌브나 기부가 썩어들어가는 원인을 찾아 제거하여야 한다. 평소 매주 살충/살균을 통하여 예방에 충실하면 균의 감염으로 인하여 썩어들어가는 것을 예방할 수 있다.

(2) 잎끝 마름병

난잎의 잎끝이 마르는 원인은 여러 가지가 있다. 첫째, 뿌리에 가스장애가 오면 먼저 잎끝이 흑갈변하면서 마르고, 가스장애가 지속되면 뿌리까지 상하여 난초가 쓰러지게 된다. 가스장애는 가스를 제거해주지 않으면 난초가 쓰러질 수도 있으므로, 잎끝이 흑갈변하면 가스장애가 아닌지 의심해 보는 것이 좋다. 둘째, 냉해를 입었을 경우에도 잎끝이 말라들어간다. 냉해에 의하여 잎끝이 마르는 경우는 잎끝이 말라서 관상미를 떨어뜨리지만 난초가 쓰러지지는 않는다. 셋째, 광조절에 실패할 때에도 잎끝이 마른다. 엽예품의 경우, 햇빛이 너무 강한 곳에 두면 잎끝이 말라들어와 관상미를 잃는 경우가 종종 있다. 넷째, 강한 바람에 노출되어도 증산작용이 너무 강하여져서 잎끝이 마르는 경우가 있다. 다섯째, 영양 과잉이어도 잎끝이 흑갈변하면서 녹과 상한 잎끝의 경계에는 검은색 띠가 보인다.

(3) 엽고병

잎끝과 같이 잎의 일부분이나 잎의 전체가 말라죽는 질병으로 여러 종류의 곰팡이와 세균에 의하여 발생한다. 햇빛이나 과비로 인한 잎끝 마름병과 증세가 비슷하여 구분하기 어렵다.

(4) 잎끝 고동마름병

잎끝에서부터 고동색으로 변하면서 기부 쪽으로 신속하게 진행하는 세균성 질병으로, 보통 보름이내에 진행된다.

(5) 연부병

기부와 벌브 부분부터 황갈색에서 갈색으로 변해가며 물러지고 잎끝으로 급격히 번져가며 쉽게 뽑혀지며, 주로 신아에서 많이 발생하는 세균성 질병이다. 벌브가 갈색에서 검정으로 부패하며 물러지고 끈적거리며 2차감염시에는 심한 악취가 난다.

(6) 경부병

불완전 사상균의 일종인 후사리움(Fusarium oxysporum)균이 화장토에 기생하고 있다가 새싹의 탁엽이 붙은 자리나 새 뿌리와 벌브가 붙어있는 곳으로 침투하여 기부와 벌브를 검게 썩게 만들어 새싹을 죽인다.

(7) 역병

잎에 어두운 녹색(綠色) 얼룩점이 나타나고 흰 곰팡이가 생기며 말라서 갈색(褐色)이 된다.

(8) 탄저병

잎에 나타나는 곰팡이성 질병으로, 잎에 암갈색, 적색, 담황색, 황갈색의 원형 혹은 부정형 반점을 형성하고, 진전되면 병반이 부정형으로 확대되며 잎이 마르는 곰팡이성 질병이다. 잎에 나타나는 곰팡이성 질병은 처음에는 곰팡이의 발생 부위가 볼록하게 올라왔다가, 치료되어 곰팡이가 죽으면 오목하게 패이는 특징이 있다.

(9) 흑점병

잎에 나타나는 곰팡이성 질병으로, 점으로 나타나는 탄저병에 비하여 동심원으로 퍼져나가는 특징이 있다.

(10) 흑성병

잎에 나타나는 곰팡이성 질병으로, 탄저병이나 흑점병에 비하여 불규칙한 모양의 반처럼 나타나는 특징이 있다.

(11) 흑반병

잎에 나타나는 곰팡이성 질병으로, 탄저병이나 흑점병, 흑성병에 비하여 난잎에 횡방향으로 반이 나타나는 특징이 있다.

(12) 근부병

잎이 얇아지고 수축되면서 황변한다. 성장 저해로 신아가 나올 때마다 작아진다. 유묘나 성촉에 관계없이 허약한 난에 발병하는 곰팡이성 질병으로, 주로 뿌리가 갈색으로 마른 상태로 부패하고, 벌브나 신아의 기부가 갈변하기도 하며, 병의 진행 속도는 완만하다.

(13) 흑갈색 뿌리썩음병

잎의 중간부위에 작은 타원형의 수침상 반점이 옅은 갈색에서 암갈색으로 변화한다. 반점이 사방으로 점점 확대되는 곰팡이성 질병이다.

(14) 잿빛곰팡이병

잎 벌브 주위 등에서 발생하며 잎끝 또는 기부부터 갈색의 부정형 병반이 시작하여 잎 전체가 말라버리는 곰팡이성 질병이다.

(15) 백견병

흰비단병 또는 흰곰팡이병이라 불리며, 난석에서 발생하며 원인 곰팡이가 혐기가스를 발생하여 뿌리에 위해를 가하여 난이 쓰러지게 만든다.

(16) 모자이크병

식물의 잎, 특히 새 잎에 농록색(濃綠色) 부분과 담록색 또는 황록색 부분이 모자이크 모양으로 나타나는 바이러스성 질병으로, 난초가 쓰러지지는 않지만 관상가치를 떨어뜨린다.

7.3 해충의 종류

해충 중에서 이동성이 용이한 해충들은 작물이 죽든 살든 관계없이 작물에 해를 가하는 반면, 이동성이 떨어지는 해충은 작물을 죽음으로까지 몰고 가지는 않지만 난의 발전과 생장을 저해하는 요인으로 난에 해를 끼치거나 다른 균의 침입경로를 만들어 난을 고사하게 만드는 원인이 되기도 한다.

(1) 개각충

개각충은 아주 작아서 길이는 약 1mm이며, 몸 빛깔은 오렌지색으로 둥근 타원형의 작고 몸체가 딱딱한 해충으로 잎에 붙어있어 식물의 수액을 빨아먹고 식물의 상태를 약하게 만든다. 잎의 끈적끈적한 투명물질은 개각충의 배설물이다. 개각충은 진딧물이나 응애, 온실가루이 등의 다른 해충보다 생명력이 강하다.

(2) 뿌리기생파리

온도가 20~25℃에서 주로 발생하는 해충으로, 유충이 새싹이나 새뿌리 분열조직을 가해함으로써 시들게 한다.

(3) 총채벌레

총채벌레는 흡즙성 해충으로서 줄기나 잎 등에서 식물의 즙액을 빨아먹어서 피해를 주는 해충으로 꽃에 은색 자국과 작은 반점 피해 및 꽃봉오리 시들음을 유발하는데, 특히 어린 꽃봉오리에 발생하면 기형을 일으키므로 초기에 방제를 하지 않을 경우 상품성이 떨어져 큰 손해를 입을 수 있다.

(4) 민달팽이

복족류에 속하는 집이 없는 달팽이로 어둡고 습한 곳에 서식하다가 밤에만 나타나 새싹이나 꽃눈, 뿌리의 끝부분을 갉아먹으면서 해를 입힌다.

(5) 깍지벌레

그 크기가 2~8mm 정도이고. 색깔은 암황녹색을 띠며 흔히 잎자루 부근이나 잎 뒷면에 바짝붙어 기생하며 수액을 빨아먹어 난의 성장에 지장을 초래하고 상처를 통해 곰팡이 균의 침투가 용이해져 탄저병 등이 발생하기도 하며, 심할경우 깍지벌레가 잎 전체로 번지면서 난 잎이 고사하기도 한다.

(6) 노래기

노래기강의 절지동물을 통틀어 이르는 말로써, 몸의 길이는 3~28mm이고, 몸은 원통형으로 길며, 등은 붉은 갈색에 한 마디에 두 짝의 짧은 발이 있으며, 건드리면 둥글게 말리고 고약한 노린내를 풍기며, 햇볕을 싫어하고 주로 습기가 많은 낙엽 밑에 많이 있다.

(7) 톡토기

톡토기과의 곤충으로써 몸의 길이는 1.5mm 정도이고 공 모양이며, 어두운 자주색에 등황색의 작은 점 또는 무늬가 줄지어 있다. 부패한 부엽, 세균, 곰팡이 등을 먹고, 대규모로 발생하면 매우 귀찮은 존재이다. 해충은 아니나 해충으로 오인되고 있다.

(8) 진딧물

풀이나 나무의 잎 또는 가지에 붙어서 진을 빨아 먹는다. 피해를 입으면 성장이 멈추고 위조증상을 보인다.

(9) 파리류(검정날개버섯파리)

검정날개버섯파리는 대개 곰팡이 종류나 썩은 유기물들을 먹이원으로 하는데, 성충의 경우 난에 특별한 피해를 야기하지는 않지만 대규모로 발생했을 경우 병을 옮긴다든지 혹은 유충의 식흔의 상처를 통해 곰팡이나 세균에 의한 2차 감염이 일어날 수 있다.

(10) 선충

선충은 일만여종의 다양한 종류가 있으며, 구침을 가진 선충과 구침이 없는 선충이 있다. 선충에는 세균포식성 선충과 곰팡이 포식성 선충, 동물기생 선충, 식물기생 선충, 선충포식성 선충 등 많은 종류의 선충들이 있다. 선충은 난을 죽게 하지는 않지만, 난의 세력을 떨어뜨리고, 난의 성장을 방해한다.

(11) 응애

거미강 응애목로써 거미류에 속하며, 진드기, 거미, 전갈 등과 밀접히 관계되어 있으며 일부 종은 거미줄과 같은 비단실을 낸다. 응애가 잎에서 즙액을 빨아 먹으면 잎이 엽록소를 잃고 잎의 표면에 백색점이 발생한다. 응애와 응애의 알이 있으면 갈색의 줄무늬가 나타나기도 한다. 물을 많이 주면 물에 씻겨 내려가므로 발생하기 어렵다.

7.4 질병의 치료

일단 질병에 걸린 난초는 질병에 걸린 부위를 치료하여 원상 회복하는 것은 사실상 불가능하므로, 더 이상 병이 진행하지 않도록 차단하는 것이 최선이다. 즉, 춘난의 치료는 병의 진행을 막는 것이지 춘난을 원상회복시키는 것이 절대 아니라는 말이다. 따라서, 가장 좋은 치료 방법은 가급적 초기에 병징을 발견하는 것이다.

난을 쓰러뜨리는 진행 속도가 빠른 질병을 더 이상 진행하지 못하도록 차단하는 가장 좋은 방법은 먼저 병에 걸린 부위를 잘라내는 것이고, 나머지 병징이 나타나지 않은 부위에도 곰팡이나 세균이 잠복하여 있을 수 있으므로 적절한 치료용 약제를 투입하여 곰팡이와 세균을 죽이는 것이다. 진행속도가 빠르므로 가급적 초기에 병징을 발견하여, 질병에 걸린 촉을 분촉하고, 그 이웃한 촉도 비록 건강해 보일지라도 이미 내부에 균이 잠복하여 있을 수 있으므로 함께 분촉하는 것이 좋다. 많은 사람들이 질병에 걸린 난초를 치료하고자 유화제와 같이 강한 맹독성 농약에 난초를 오랜 시간 침지하는 경우가 있는데, 이는 절대로 하지 말아야 할 치료 행위로써, 질병에 걸려 세력이 약해진 난초를 더욱 약하게 만들기 때문이다. 이미 질병에 걸린 부위는 포기하고 잘라내어야 하며, 혹시나 질병이 잠복하여 있을 수 있는 부분은 분촉하여 적절한 치료를 행하여야 하지만 내부 조직이 잠복한 균에 의하여 이미 망실되어 있을 수도 있으므로 치료 가능성을 낙관할 수 없으며, 아직 질병이 옮겨가지 않은 나머지 건강한 촉이라도 살리는 것이 가장 효과적인 치료 방법이다.

탄저병과 같이 난초를 쓰러뜨리지는 않지만 관상미를 떨어뜨리는 질병들은 병에 걸린 부위를 잘라낼 필요까지는 없지만, 적절한 곰팡이 약제를 사용하여 원인 곰팡이를 죽일 수 있다. 이미 검은 반점이 나타난 부분은 곰팡이에 완전히 노출된 부분으로써 원상회복이 불가능하지만, 더 이상 포자를 퍼뜨리지 못하도록 곰팡이 약제를 살포하여야 한다. 또한, 아직 눈으로 반점이 관찰되지 않아 깨끗해 보이는 잎장 중에 이미 포자에 감염된 부분이 있을 수 있으므로, 반점 이외의 깨끗해 보이는 잎장에도 반드시 약제를 살포하여 곰팡이 균을 완전히 살균하여야 한다.

7.5 살충/살균을 통한 예방의 중요성

춘난의 병해는 대부분 잘못된 배양방법에 의한 경우이거나 또는 곰팡이나 세균에 감염된 경우이므로, 춘난이 건강하게 자랄 수 있는 올바른 배양방법을 사용하여야 할 뿐만 아니라 곰팡이나 세균의 예방에 신경을 써야 한다. 특히, 충이나 유충의 식흔을 통한 2차 감염을 원천적으로 차단하기 위하여서는 살충의 중요성을 절대 간과해서는 안된다.

8 유기균 배양액 만들기

난초 자생지에서 부엽 밑에 뗏장처럼 하얀 치즈같은 것이 1~2cm 두께로 깔려 있는 것을 유기균이라 한다. 자생지에서의 유기균을 잔디 뗏짱처럼 잘 다듬어서 가져와 건조시킨 후, 락앤락 통과 같이 밀폐성이 좋은 통의 바닥에 1차로 유기균 덩어리를 바닥에 깔고, 그 위에 식은밥을 양파자루와 같은 망에 넣어 2cm 정도의 일정한 두께로 펴서 올리고, 다시 유기균을 올리고 하여 2~3층 정도로 만든 후, 뚜껑을 닫아 밀폐시킨다. 밀폐된 락앤락 통을 검은 비닐 봉지로 두겹을 싸서 빛을 차단시킨 후, 따뜻한 곳에 두면 유기균 배양이 이루어진다. 6개월에서 1년정도 배양한 것을 설탕과 1:1 비율로 잘 버무려서 죽을 만들어 냉장 보관하여 2000대1로 희석하여 사용한다 (그림 18).

이 때 사용하는 설탕은 정재하지 않은 설탕이 가장 좋고, 흑설탕이 없으면 황설탕을 사용하여도 좋다. 단, 시중에 흔히 판매하는 흑설탕은 거의 카라멜을 혼합한 것으로 정제되지 않은 흑설탕과 다른 것이며, 카라멜이 혼합된 흑설탕보다는 차라리 황설탕을 사용하는 편이 더 낫다.

유기균 배양액을 사용하는 목적은 여러가지가 있으나 그 중에 가장 중요한 것은 유익균 선점과 다점 원칙이다. 채란한 난초를 가져와서 뿌리정리를 하고 난분에 심는 과정에서, 살균처리를 한다거나 일반 소독물에 침지해두는 것은 크게 잘못된 행동이다. 산채한 난초는 뿌리정리를 마친 후에 유기균 배양액을 2000:1로 물에 희석하여 2시간정도 침지한 후에 심으면, 침지한 난초는 유기균이 선점한 상태이므로, 별도의 소독을 하지 않아도 세균이나 곰팡이균으로부터 보호 받을 수 있다. 이렇게 하면 정양과정도 빨라져서 5일 정도만 지나도 난잎이 활력을 찾는 것을 볼 수 있다. 살균제를 사용하면 유익균과 유해균이 모두 죽게 되는데, 살균제를 사용한 다음 날 물로 살균제를 깨끗이 세척한 후 유기균을 투여하면 유익균이 선점 및 다점하게 되어 유해균이 더 이상 발을 붙일 수 없게 된다. 좋은 균을 선점시켜 유기 배양을 하면, 춘란 스스로가 대사 활동이나 생체리듬에 이상이 없음으로 더욱 강하고 튼실한 생장을 볼 수 있다. 난산별곡 균쓸이 작물보호제는 유해균은 모두 죽이지만 유익균은 일부 살아남으므로, 현재까지 개발된 살균제 중에서 가장 친환경적이고 내성이 생기지 않으며 인체와 가축에 가장 안전한 제품이다.

또 다른 사용 예로써는 대부분의 난인들은 여름에 유기영양의 사용을 금하고 있다. 이는 여름철 더운 날씨에 유기영양의 부숙에 의하여 질소가스가 발생하여 가스 장애로 뿌리가 상할까 염려하는 것인데, 유기영양을 사용하기 전날 밤에 난 유기균 2000배액과 섞어 두었다가 사용하면 난 유기균이 유기질비료를 질산태에서 무기태로까지 분해하여 난초에게 바로 흡수되도록 하기 때문에 건강한 난초를 배양할 수 있

(a) 유기균 숙성통

(b) 숙성밥

(c) 숙성밥과 황설탕

(d) 버무린 숙성죽

그림 18　유기균 배양액 만들기

(a) 백벌브

(b) 난분 심기

그림 19　벌브 틔우기

다. 물론 겨울에 유기영양을 할 때에도 난 유기균을 함께 사용하면 더 건강한 난을 배양할 수 있다.

9 벌브 및 생강 틔우기

9.1 벌브 틔우기

잎이 노화(老化)되어 떨어지고 나면 벌브(가구경, 또는 위구경)가 남는데, 벌브에는 아직 소진되지 않은 영양분이 남아 있다. 한국 춘란의 벌브는 보통 6~7개의 마디로 구성되어 있으며 각 마디마다 숨은 눈이 있어서 모두 6~7개의 싹을 틔울 수 있다. 전자현미경으로 벌브를 관찰하여 보면 곡간에 곡식 낱알이 남아 있는 것처럼 탄수화물이 저장되어 있는데, 오래 묵지 않은 벌브에는 알갱이가 많이 들어 있지만 노화된 벌브에는 낱알수가 많지 않은데 이는 저장 양분이 많이 남아 있지 않기 때문이다. 저장 양분이 남아 있어서 재생 능력이 있을 때 모체로부터 벌브를 분리시켜 싹을 틔움으로서 새로운 독립개체를 만드는 것을 벌브 틔우기(위구경번식법:僞球莖繁殖法)라고 한다.

벌브 틔우기의 성공률을 높이려면, 오래 묵지 않은 젊고 크고 튼튼한 벌브를 선택하여야 한다. 꽃대가 붙어 있던 흔적이 있는 벌브는 피해야 한다. 왜냐 하면 꽃을 피우기 위해 영양분을 소모해버렸기 때문이다. 벌브가 좋은 것은 맑고 깨끗하고 상처가 없으며 취록빛을 띠고 통통하다. 햇빛을 덜 보아 표피막이 부드럽고 잎이 한두장 붙어 있는 것은 신아가 대부분 올라 오지만 잎이 없거나 갈색을 띠고 약간 탈수된 듯 하며 주름진 벌브는 성공률이 낮다. 벌브는 2~3개를 한 단위로 자르는 것이 좋고, 하나씩 자르는 것은 성공하기 힘들고 성공하더라도 건강한 촉이 나오지 않으며 성장하는데 힘이 든다.

뿌리 1~2개 정도를 4~5㎝정도 남기고, 나머지 뿌리는 잘라준다. 벌브를 20~30분 정도 침지 소독하고 물로 씻은 후에 배양장소에 심는다. 벌브를 틔울 때 가장 중요한 것은 적절한 습도를 유지하는 것이다. 습도가 모자라면 촉이 트지 않는다. 분리한 벌브를 심을 때에는 벌브를 깨끗한 수태로 끝이 약간 보일 정도로 감싸서, 난을 심을 때와 동일한 방법으로 심고 물을 충분히 많이 준 다음, 25℃ 이상의 온도에서 충분한 습도를 유지시켜 준다. 난분의 상단부를 투명한 비닐봉지나 랩 같은 것을 덮어씌우거나 투명한 패트병 윗부분을 잘라 난분 위에 씌워 공기가 새지 않도록 하여 햇볕이 잘 드는 베란다에 두면 된다 (그림 19).

9.2 생강 틔우기

생강근을 틔우기 위해서는 생강근에 상처가 나지 않도록 주의하면서 생강근에 붙은 흙이나 오염물질을 깨끗하게 잘 씻어내고, 썩은 곳이나 감염된 곳은 잘라내고, 잘라낸 단면은 순간접착제를 이용하여 잘 막아준다. 정리된 생강근을 난균 배양액에 침지하여 두면 유익균이 선점하여 유해균이 자라지 못하므로 생강근이 오염되는 것을 방지하여 준다. 생강근을 살균제에 침지하면, 생강근의 공생균인 난균을 죽이거나 약하게 만들어 생강근 틔우기에 도움이 되지 않는다.

생강근을 틔우려면 자생지에서 부엽에 묻힌 채 발아될 조건을 인위적으로 만들어 주어야 하는데, 햇빛을 차단하고, 밀폐시켜서 습도 및 온도를 높게 유지하며, 균에 의한 오염을 방지하는 것이 중요하다. 생강근은 습도와 온도가 높게 유지되면 신아를 올리기에 적합한 환경으로 판단하여 신아를 올리게 된다. 생강근을 틔우는데 다음과 같은 세가지 방법이 있다. 각자 자신에게 맞는 방법을 선택하여 사용하기 바란다.

첫 번째 방법은 깨끗이 세척하고 손질된 생강근을 검은 비닐봉지 2겹으로 해서 소독된 수태를 물에 적셔 계란 크기 정도로 꼭 짜낸 후 비닐봉지 한쪽 가에 놓고, 준비한 생강근을 수태에서 멀찌감치 떨어뜨려 놓고 비닐봉지가 짝 달라붙지 않을 정도로 해서 공기도 적당히 넣고 숨이 막혀 죽을 정도로 완전 밀봉한 후 따뜻한 곳에 두는 것이다 (그림 20 (a)). 두 번째 방법은 락앤락 통 바닥에 유기균으로 소독한 수태를 꼭 짜서 깔고 그 위에 생강근을 놓아 다시 조금 더 큰 락앤락 통에 2중으로 넣고 검정 비닐 봉지에 2중으로 싸서 따듯한 곳에 놓아 두는 것이다 (그림 20 (b)). 세 번째 방법은 벌브 틔우기와 마찬가지로 생강근을 난석으로 난분에 심고, 투명한 패트병 윗부분을 잘라 난분 위에 뚜껑을 씌워서 온도와 습도를 좀 더 높게 유지할 수 있도록 하여 다른 난분과 마찬가지로 매일 충분한 물을 주는 것이다 (그림 20 (c)). 첫 번째와 두 번째 방법은 생강을 띄우는 시기를 단축시킬 수 있지만, 난분에 옮겨 심다가 연약한 뿌리나 생강에 상처가 나서 유묘가 쓰러질 위험이 있다.

세 번째 방법은 습도와 온도를 마음대로 조절할 수 없어 생강을 틔우는데 시간이 걸리지만, 난분에 옮겨 심을 필요가 없다는 장점이 있다.

위의 첫 번째와 두 번째 방법에서, 신아가 올라오고 뿌리가 2개 이상 자라서 스스로 광합성을 하고 영양을 흡수할 수 있는 상태가 되면, 생강근 유묘를 난석으로 난분에 심는다. 생강근 유묘는 생강을 떼어내지 말고 함께 심어야 유묘가 더 튼튼하고 건강하게 자란다. 만일 생강근을 틔우는 중간에 햇빛을 받아 생강근에 녹이 차게 되면 생강근은 신아를 올리는데 필요한 영양을 공급하는 것을 중단하고, 생강근이 다시 부엽에 묻힐 때까지 기다리게 되므로, 생강근을 틔우는 중간이나 생강근 유묘를 옮겨 심을 때 뿌리가 2개 이상 내릴 때까지는 생강근에 녹이 차지 않도록 주의한다. 생강근은 바로 영양을 흡수하지 않고, 공생균인 난균이 유기영양을 분해하여 영양을 흡수한 것을 이용하는데, 만

(a) 검은 봉지　(b) 락앤락통　(c) 난분 심기

그림 20　생강 틔우기

일 생강근에 무기영양을 하면 무기영양이 생강근에 바로 흡수되어 생강이 썩게 된다. 따라서 생강근 유묘는 절대로 무기영양을 해서는 안되며, 물로만 배양하거나 혹은 유기영양을 연하게 가끔 사용한다.

생강 틔우기에 실패하는 이유는 대부분 오염된 토양을 제대로 씻지 않고 심거나, 생강의 상처를 통하여 감염이 되거나, 무기영양을 시비한 경우이다. 생강 틔우기를 할 때, 생강을 하루 이틀정도 햇볕에 노출시켜 녹을 약간 형성시키면 생강은 다음 신아를 위해서 부엽에 덮힐 때까지 기다리는데, 그 기간동안 생강에 난 상처도 치료가 되어, 생강 틔우기의 성공률이 더 높아진다.

10 통풍과 통기의 허와 실

통풍과 통기는 원래 같은 말이지만, 일반적으로 통풍은 난실의 내부 공기가 외부 공기와 순환되는 것을 말하며, 통기는 난분 내의 공기가 난분 바깥의 공기와 순환하는 것을 말한다. 난은 바람이 키운다는 말이 있다. 그만큼 통풍과 통기가 중요하다는 의미이다. 난실의 통풍은 창을 열어 환기를 시켜 낮에 온도가 올라가지 않도록 하는 것이 주목적이다. 물론, 한 여름에는 창을 개방하여 환기하는 것만으로는 온도를 낮추기에 부족하므로 발을 쳐서 차광을 해주어야 한다. 난실에 선풍기를 사용할 경우에는 바람이 너무 강하지 않아야 하며, 난잎에 직접 바람이 닿는 것보다는 간접적으로 바람이 불게 해주는 것이 좋다.

바람이 강하게 직접 닿으면 난이 스트레스를 받기도 하고, 뿌리로 부터의 물의 공급량보다 잎의 기공을 통한 물의 증산량이 증가하여 난이 기공을 닫아버리고 만다. 같은 이유로 바람이 강하게 부는 날이면 창도 닫아 주어야 한다. 선풍기를 돌리는 이유는 온도조절과 난의 증산 작용을 돕기 위한 것이다. 결국, 창을 열거나 선풍기를 돌리거나 하여 통풍을 시키는 것은 난실의 온도를 낮추기 위한 것은 물론 난잎의 증산 작용을 돕기 위한 것이다.

난분 속의 통기는 자연적으로는 해결하기가 힘든 것이 현실이다. 구멍이 뚫린 난분에 공극이 많이 생기도록 난석을 헐겁게 심는다 하더라도 자연적으로 통기가 원활하게 이루어질 수는 없다. 통기가 제대로 이루어지지 않으면, 난분 속에 농약이나 영양제 등의 유기물의 잔재물들이 분 속의 따뜻한 온도에 의해서 부숙되는 과정에서 발생하는 가스로 인하여 뿌리에 가스장애를 일으킬 뿐 아니라, 혐기성균(산소가 없는 곳에 살수 있는 세균)이 호기성균(산소를 필요로 하는 세균)보다 왕성하여져서 뿌리에 악영향을 끼치고 결국 난이 죽게 된다. 난분 내의 정체된 공기를 외부의 신선한 공기와 교환하여 주는 가장 효과적인 방법은 물을 펑펑 주는 것이다. 식재된 난분 하나 당 물주기 시간은 약 10초 이상씩 물을 줘야한다. 난분 아래로 물이 콸콸 쏟아지도록 물을 많이 주면, 가스를 발생시키는 주범인 유기물의 잔재물들이 씻겨나가는 효과가 있고, 난분에서 발생된 정체된 가스들도 물과 함께 난분 아래로 배출된다. 물을 주고 나서 시간이 경과하면 난석 사이에 스며있던 물들이 빠져 나가게 되고, 물이 빠져 나간 빈 공간을 외부의 신선한 공기들이 다시 채우게 된다. 그러므로 관수를 충분히 하여 강제적으로 통기를 시켜 주어야 한다. 한여름 낮에 온도가 급격히 올라가는 경우에는 물을 2~3번씩 관수하여 통기도 시키고 난분 속의 온도도 내려주는 것이 좋다. 통기가 원활하도록 대석을 많이 사용하는 것도 바람직하다. 공극이 넓은 대석을 많이 사용하면 뿌리가 짧고 굵어져서 건강한 뿌리 내림에도 이롭고, 영양 전달 및 비축에도 효율적이다. 통기가 난초의 배양에 중요한 이유는 가스를 배출하여 뿌리에 가스 장애가 생기지 않도록 하는 것이다. 이러한 통기를 위하여 가장 바람직한 것은 대석을 이용하여 헐겁게 심고, 매일 물을 펑펑 주는 것이다.

통기를 위해서 물을 매일 펑펑 주는 것이 좋지만, 매일 물을 주는 것이 혹시 난에게 해를 끼치지는 않을까 하는 의문을 갖게 된다. 실제로 많은 사람들이 난은 과습하면 죽는 것으로 알고 있다. 하지만, 난은 수경 재배도 가능한 식물이므로, 절대로 과습으로 죽는 것이 아니다. 습윤건조(濕潤乾燥)란 난분 내의 습도의 정도를 나타내는 말이다. 습(濕)은 관수한 직후 분 속이 물에 축축하게 젖어있는 상태(습도 100%~80%)를, 윤(潤)은 관수후 1~2시간 후 난석이 보유한 수분으로 분내가 적절하게 보습을 유지하고 있는 상태(습도80%~30%)를, 건(乾)은 화장토가 적당히 마른상태로 난석표면이 마르기는 했지만 난석 내부에는 물기가 남아있는 상태(습도30%~20%)를, 조(燥)는 난석에 물기가 없거나 아주 미세하게 남아있는 상태(습도20%이하)를 의미한다. 건(乾)할 때 곰팡이의 발생이 가장 활발하므로, 오히려 물을 매일 주어 습(濕) 또는 윤(潤) 상태를 유지하면 곰팡이의 발생을 억제하여 곰팡이에 의한 병징의 피해를 크게 줄일 수 있다. 난초에 가장 이상적인 상태는 윤(潤)이므로, 통기를 위해서 뿐만 아니라 곰팡이의 발생을 억제하기 위해서라도, 항상 화장토가 건조하게 마르지 않도록 매일 물을 충분히 펑펑 주어야 한다.

난은 풍란처럼 나무나 바위에 붙어살던 착생식물이었지만 물을 더 좋아하기 때문에 땅으로 내려와서 살게 되었다고 한다. 난은 뿌리가 신선한 공기를 좋아하고 물을 좋아하는 호기성 식물이다. 난을 편하게 살게 해주기 위해서는 통기가 잘되는 난분과 난석을 이용하면서 늘 마르지 않도록 관리를 해야 하고 대석을 많이 사용하여 난 심기를 해야 한다. 공극을 넓혀 통기성이 좋도록 해야 하며 부족한 통기는 물을 많이 주어 물과 함께 신선한 공기를 뿌리에 전달한다는 마음으로 물주기를 한다. 물이 좋아서 지상으로 내려온 난에게 물주기를 게을리 해서는 안된다. 난분 아래 배수구에 물이 폭포처럼 쏟아져서 난석을 씻어 내릴 정도로 물을 많이 주어야 한다. 그렇게 해야만 곰팡이의 발생을 억제하고, 분내 정체된 가스를 배출하며, 깨끗한 공기로 바꾸어 줄 수가 있다.

11 난이 죽는 이유

난이 죽는 여러 가지 이유에 대하여 살펴보기로 한다.

(1) 수인성 세균 감염

산채난을 오랫동안 물에 담가두면 수인성 세균에 감염될 수 있다. 자생지에서 접할 수 있는 균이라면 자체 저항력으로 어느 정도 버티겠지만, 생전 처음 접하는 수인성 세균에는 속수무책으로 당할 수 밖에 없으므로, 잘 자라던 난초가 이듬해 갑자기 돌연사하는 경우가 여기에 해당한다. 산채난은 흐르는 물로 깨끗이 씻고 뿌리 정리를 한 후 절단면이나 상처난 부분을 잘 막아준 다음 분에 올려야 한다.

(2) 산채시 상처를 통한 2차 감염

산채난의 뿌리정리를 하고 상처가 난 절단면을 방치한 채로 분에 올리면 상처를 통하여 2차감염이 일어나거나 상처난 구멍을 통하여 정수여과되지 않은 물이나 영양 또는 농약(특히 유제농약)이 난 안으로 바로 침투하여, 난이 죽는 수가 있다. 따라서, 절단면이나 상처가 난 부분을 잘 막아준 다음 분에 올려야 한다.

(3) 생강의 부패

생강 유묘를 가져 와서 침투성 살균제에 침지해서 소독을 하는 경우, 난황의 역할을 하는 생강근에 약제가 흡수되어 생강근의 조직이 상할 수도 있다. 또한 생강근에 무기영양을 하면 무기영양이 생강근에 흡수되어 생강근의 조직을 상하게 한다. 따라서, 생강근은 다치거나 흠집이 나지 않도록 잘 관리하여 가져와서 수돗물에 깨끗이 세척하고, 상처 부위가 있으면 감염이 일어나지 않도록 잘 막아준 후에 분에 올리고, 생강근 자체가 영양 덩어리이므로 분에 올린 후에는 일체의 무기영양없이 물로만 길러도 잘 자란다.

(4) 분내 좁은 공극

대석 70~80%, 소석 20~30%를 사용하여 최대한 공극을 넓혀 느슨하게 심는다. 헐겁게 대석을 많이 써서 심는 이유는 분 내 공극을 많게 하기 위함이다. 뿌리와 공생균은 호기성으로, 공극이 작아 분내에 산소가 부족해지면 생존을 위해 공생관계에서 살아남기 위한 적대관계로 바뀌기 때문이다. 또한 공극이 작아 산소가 부족하면 혐기성균이 잘 번식할 수 있는 환경이 되기 때문이기도 하다.

(5) 마른 난석으로 심은 경우

난의 뿌리는 체크밸브처럼 일방통행식으로 외부에서 내부로 흡수만 하도록 되어 있다. 마른 난석으로 심게 되면 뿌리가 가지고 있는 수분을 난석이 빼앗아 가므로, 뿌리에 수분이 역방향으로 강제로 배출되면서 뿌리 조직이 망실되어 더 이상 수분을 흡수하기 힘들어져서 다음 분갈이 때 이를 살펴보면 빈쭉정이가 되어 있다. 하여 분갈이 보름 전부터 분갈이 대상은 살충제를 하고 살균제도 하고 활력제를 주고 준비를 하고난 다음에, 난석을 하루 전에 물로 씻어 물에 담궈두고, 젖은 난석으로 심어야 한다.

(6) 밑달린 신아

올려심기를 하거나 벌브 주변이 건조하면 신아가 밑달리는데, 밑달린 신아는 뿌리 사이를 비집고 나오다 뿌리 표면의 일액현상에 의하여 상처가 나고, 2차감염이 일어나서 난이 쓰러지게 된다. 깊이심기를 하면 벌브가 양파 모양으로 자라지 않고, 럭비공 세운듯 한 모양으로 자라게 되므로, 신아가 밑달리지 않는다. 또한 물을 매일 주면 벌브 주변의 습이 적절하게 유지되어서 신아가 밑달리지 않는다.

(7) 정양하지 않은 난

산채한 난이나 분갈이한 난 등 뿌리를 정리하고 분에 심겨진 난은 그늘에서 일주일정도 정양하지 않으면, 뿌리가 잘려 나가고 몸살이 난 난에게 바로 광합성을 시키고, 흡수하는 수분의 량보다 증산하는 량이 커져서 오히려 난에게 해가 되며, 다치거나 짤리거나 크랙이 간 뿌리에 영양제나 활력제가 직접 흡수되어 뿌리 조직을 상하게 하기 때문에, 난이 죽게 된다. 따라서, 일주일 정도 그늘이 짙은 곳에서 물로서만 정양하는 것이 좋다

(8) 냉해, 동해

춘란은 온도가 15도 이상의 차이를 느끼면 잎에 냉해를 방지하고자 지상부 잎의 수분으로 인해 잎이 얼지 않도록 급하게 수분을 제거하게 된다. 급작스럽게 증산소모하여 수분을 제거 할 수 없음으로 난초는 지상부 수분을 뿌리 지하부로 내리게 된다. 춘란에서나 모든 식물의

구조층은 일방통행(체크밸브)으로만 되어있기 때문에 뿌리에서 흡수하여 잎으로 증산작용과 동화작용으로 흡수한 것을 소모하게 하는 방향성 구조가 깨어지게 되면 잎 구조의 문제가 생기게 된다. 그로인해 다시 온도가 올라가도 구조층 조직이 망실된 난초 잎 부분에 더 이상 수분이 보관되지 않거나 증산을 못하거나 영양 합성을 못하거나 하여 조직이 괴사되는 것이 냉해이다. 동해란 빙점이하의 온도로 기온이 내려가서 난초가 가지고 있는 수분도 얼어서 세포 구조층 조직이 동파, 파괴, 괴사되어 더 이상의 역할을 수행하지 못하는 것이 동해이다. 겨울철 유기질 비료성분의 충분한 공급은 난이 동해에도 강한 내성을 가지게 한다. 냉해와 동해를 입은 난초를 회복시키는 방법은 없으며, 냉해나 동해로부터 난을 안전하게 키우는 것이 최선이다.

(9) 해충의 식흔에 의한 2차 감염

해충이나 그 유충이 난의 벌브나 뿌리에 상처를 입히면, 상처를 통하여 난에 2차 감염이 일어나서 난이 쓰러지게 된다. 살충이 예방의 기본이므로, 살충을 충실히 하여 난이 쓰러지지 않게 하여야 한다.

(10) 난분 내 가스 장애

날씨가 더워지면 분내 난석 사이에서 여러 가지 유기물이나 세균에 의하여 가스가 발생하여 뿌리에 가스 장애가 생겨 난초가 쓰러지게 된다. 매일 물주기와 이에 의한 신선한 공기로의 교체는 뿌리의 건강을 유지하는데 매우 중요하다. 매일 새벽 물을 펑펑 살살 충분히 준다.

(11) 과도한 시비

지나친 관심이 난을 죽인다는 말이 있드시, 규정 농도 이상으로 시비를 하면, 농도장애로 난이 쓰러지는 이유가 된다. 과도한 시비보다는 물만 주는 것이 더 안전하다. 전비나 동양란 같은 유기영양의 규정농도는 1000대1이지만, 실제로 시비를 할 때에는 봄/여름/가을에는 2000:1, 겨울에는 5000:1로 규정농도보다 훨씬 더 묽게 매주 시비하여야 한다. 왜냐하면, 여름에는 물이 증발하면서 영양의 농도가 짙어지므로 규정농도보다 더 희석하여 주어야 하며, 겨울에는 난의 생육활동이 저하되어 있으므로 영양의 농도를 더 묽게 하는 것이다.

(12) 불규칙한 물주기

난초를 건조하게 키우면서 물주는 주기가 불규칙하면 난초의 뿌리가 물에 대한 스트레스를 받아 건강 상태가 나빠지게 되고, 이 때 곰팡이가 침입하여 난초를 쓰러뜨리게 된다. 매일 물주기를 하면, 난초를 건강하게 잘 배양할 수 있다.

12 실패 사례

12.1 매일 물주기 1

매일 물을 주는데 난초의 기부에 병이 온 사례가 있었다. 살수기를 이용하여 매일 물을 펑펑 주어야 하는데, 시간을 절약하기 위하여 수압을 높여 강하게 많은 양의 물을 관수하였다. 매일 물을 펑펑 준 것까지는 좋았지만, 살수기의 수압을 높여 너무 강한 압력으로 물을 준 것에 문제가 있었다. 수압이 강하게 살수를 하면 기부가 흔들리거나 꺽여서 난석에 긁혀 상처가 나게 되고, 그 상처를 통하여 2차 감염이 일어나 난초의 기부에 병이 온 것이다. 따라서, 살수기를 부드럽고 미세한 물방울을 분사할 수 있는 것으로 바꾸고, 수압도 너무 강하지 않게 살살 물을 흠뻑 주어야 한다.

12.2 매일 물주기 2

난초의 배양경력이 있는 애란인이 예전에 건조하게 키우던 자신의 방식에서 탈피하여 매일 물주기를 실시하였더니 난초가 쓰러진 사례가 있었다. 여기에서의 문제점은 매일 물주기가 아니고, 이전의 배양방식에 문제가 있었다. 예전에 건조한 방식으로 키울 때 살충/살균에 소홀하여 이미 뿌리에 충에 의한 식흔이 있었고 그 식흔을 통한 감염이 이미 일어난 상태였다. 즉, 그 난초는 어차피 6개월~1년 사이 또는 그해 장마철이나 혹서기에 감염으로 쓰러지게 될 난초였던 것이다. 이미 감염된 난초에 매일 물을 주어 쓰러지는 시기가 앞당겨졌을 뿐이다. 매일 물주기를 시행하려면, 사전에 살충과 살균을 철저히 하여 난의 뿌리의 상처를 통한 감염을 치료한 후 매일 물을 주어야 한다. 분을 털어 뿌리를 정리할 수 없는 형편이라면 매일 물을 주면서 혹시 기부나 잎에 병징이 오지 않는지 유심히 살펴서 만일 병징이 오면 지체없이 감염된 뿌리를 자르고 절단면을 막은 후, 다시 심어야 한다.

12.3 살충 및 살균

많은 애란인들이 여름에 살균은 주기적으로 열심히 하면서 살충에는 크게 신경을 쓰지 않는다. 그러한 살균 위주의 배양 방식으로는 여름철에 난이 쓰러지는 것을 막을 수 없다. 해충 자체는 난을 죽게 만들지는 않지만, 유충의 식흔에 의한 상처를 통하여 2차 감염이 일어나 난을 죽게 만들 수 있다. 따라서, 살균보다 살충이 더욱 중요한 요소임을 인식하지 못하고 있는 것이다. 특히 작은뿌리파리 같은 종류의 해충들은 방충망도 뚫고 들어올 만큼 크기가 너무 작아서 난실로의 침입을 차단하기 어려울 뿐만 아니라, 아무리 방제를 해도 하수구나 방충망 혹은 작은 틈새를 통하여 외부에서 지속적으로 침입하여 들어 온다. 특히 여름에는 알에서 유충, 유충에서 번데기, 번데기에서 성충, 성충에서 알로의 각 우화 단계의 기간이 대략 일주일 남짓이므로, 일주일마다 방제를 하여도 유충이 뿌리에 상처를 입히는 것을 막기 쉽지 않다. 따라서, 매주 주기적인 살충을 우선적으로 실시하고, 살충 다음날 충의 사체가 썩어서 감염되는 것을 막기 위하여 반드시 보조적으로 살균하도록 한다. 즉, 살충이 우선이고 살균은 보조적 수단으로 사용한다.

MEMO

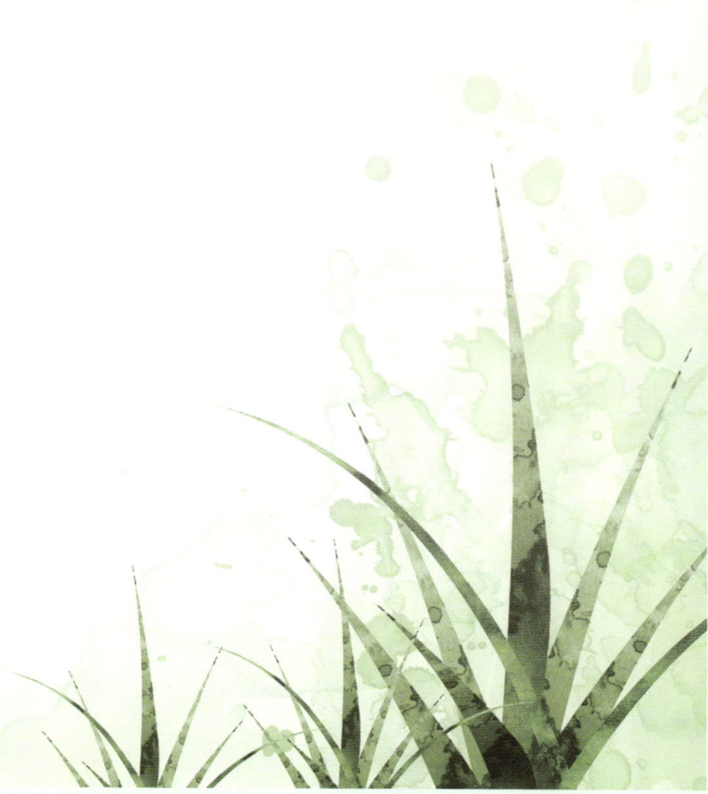

수채화

제4부 개체 구별

CONTENTS

1 개체 특성

난잎의 구조는 포엽, 탁엽, 초상엽, 1엽, 2엽, 그리고 제일 나중에 나오는 잎을 천엽이라고 한다 (그림 4). 초상엽은 일명 "치마잎"이라고 하여 난의 기본적인 성질(종자성)을 나타내고, 천엽은 난의 발전성을 나타낸다. 산반이나 호 등의 개체는 초상엽에 난의 종자성의 특징인 산반이나 호가 나타나므로, 산채 시에 초상엽을 유심히 관찰하면 난의 유전적 변이의 특징을 읽을 수 있다.

일반적으로 개체의 종자성의 특징은 천엽에서는 잘 나타나지 않지만, 천엽을 세밀하게 관찰하면 개체의 종자성의 발전성을 미리 알 수 있다. 아무리 후육질의 입변 개체라 할지라도 천엽이 약하면 더 이상 발전할 수 없는 개체인 반면, 천엽이 짝변을 이루고 있으면 앞으로 크게 발전할 개체이다. 따라서, 천엽을 읽는 예리한 눈을 가져야 한다.

① 천엽에 산반끼만 있어도, 다음 대에는 화려한 산반일 확률이 높다.
② 천엽에 반이나 반성호가 물려 있으면 엄청 기대주이다.
③ 천엽에 축입 산반이 있는 것은, 더욱 좋은 개체이다.
④ 천엽이 짝변을 이루거나 다림질한 난은 엄청 발전할 난 개체이다.

천엽의 발달이 덜하고 약하며, 발육이 미숙하면 대개 짝변을 이루는데, 천엽이 짝변이라함은 아직 성장할 여력이 충분하기 때문에 엽예나 엽성의 발전성의 기대주라는 것이다. 다림질한 난이란 난잎의 거치와 배골 부위가 다리미로 다린 것처럼 평평한 상태를 말한다.

보통 입변이나 단엽은 잎장 수가 일반적인 난에 비해 부족하다. 쉽게 설명하자면, 난 잎장 수가 여섯장이라면, 단엽이나 입변의 입장 수는 3장 정도인데, 이 개체는 일반 난의 2잎장이 1잎장 좌우로 있다고 이해하면 될 것이다. 한 잎장에서 배골을 중심으로 좌우가 동시에 자라는 것이 아니라, 좌나 우가 먼저 자라고, 이후에 반대쪽이 자라기 때문에 짝변의 형태를 이루게 된다. 그늘진 곳이나 광이 부족할 적에 뱀처럼 꾸불꾸불 자라는 이유도 여기에 있다. 난잎 길이 성장에 비해 난잎 속에 평행맥이 더 많이 자라게 되면, 난잎의 끝은 바가지 모양으로 옥아 들게 된다. 난잎이 뱀 기어가듯이 꾸불꾸불해지면서 난잎 성장보다 맥이 더 자라 옥아진 개체는 단엽이라 해도 좋을 정도의 환엽으로 발전할 개체란 것이다. 잎장수가 적으면서 길더라도, 다림질한 난잎을 가진 난에서, 잎끝만 딱딱하거나 갑룡(라사지)이 든 것은 다음대에 단엽으로 발전할 개체이다.

색화를 피게 하는 요인은, 서가 많아야 하는데, 천엽을 제외한 다른 잎에서는 서반이 녹에 가려서 안보일지라도 천엽에서는 아직 녹에 가리지 않은 서반을 볼 수도 있다. 즉, 천엽에 서반이 보인다함은 서의 함유량이 높다는 말이다. 그리하여, 산채시 유의깊게 보아야할 부분들이, 바로 종자성인 초상엽과, 발전성인 천엽이라는 것을 기억하기 바란다.

2 입변

입변(入變)이란 단엽의 성질을 가지고 있으나 단엽의 크기 규격을 벗어난 난을 입변이라 한다. 혹자는 잎변 또는 엽변이라는 말을 사용하기도 하는데, 입변(入變)이라 하는 것은 한자로 들입(入) 변할변(變)으로, 잎에 변이가 들었다는 의미이다. 잎이 후육지거나 또는 강직해 보인다고 해서 입변이 아니다. 이 말은 그런 개체 모두를 입변으로 인정한다면 산에 가서 입변 아닌 민춘란을 보기가 더 힘들 것이기 때문이다. 단엽의 성질을 가졌거나 환엽으로 잎끝이 둥글거나 하는 등과 같이 난입에 변이가 들었다는 것은 유전적인 요인에 의한 변이로써 다음 세대의 신아에서 변이가 고정된다는 것을 의미한다. 고정이 안되면 입변도 환엽도 단엽도 아니다.

자생지에서는 야물고 옥아지고 엽성이 카랑카랑하고 부러질 것 같은 것도 집에서 기르면 민춘란으로 되돌아가는 경우가 많다. 생강촉에서 변이가 온 것은 유전적 요인에 의한 것으로 고정성을 갖고 있어 실수가 적은데, 죽근에서 올라온 것은 그렇지 않기 때문에 주의하여야 한다. 죽근이란 흙이나 부엽이 두껍게 덮여 바로 신아가 올라올 수 없어 대나무 뿌리와 같은 근을 형성하여 어느 정도 표토에 가까워 졌을 때 신아를 올리게 되는데 이것을 죽근이라고 한다. 지하경(죽근)으로 형성되어 올라온 난은 특이하게도 잎이 후육으로 플라스틱과 같이 딱딱한 경우가 대부분이고 길이도 짧으며 심지어 완벽한 환엽의 형태를 하고 있는 것도 흔히 있다. 개체가 가지는 특성에 따라 선천적으로 잎이 두꺼운 난이 지하경으로 올라와 환엽의 형태를 하고 있을 때는 직접 채란을 한 사람 외에 그 누구도 구별하기 어려운 것도 있다. 이러한 형태를 가지는 이유는 지하경(죽근)으로 올라올 때 그 줄기는 대나무와 같이 딱딱하고 신아가 올라와도 벌브가 잘 형성되지 않고 줄기에서 잎이 나오기 때문이다. 그러므로 잎의 기부가 좁고 잎이 각이지고 지하경 줄기의 딱딱함이 그대로 잎까지 같은 현상으로 이어지게 된다. 이러한 경우 다음 신아를 받아도 벌브의 형성이 다소 미흡하고 잎도 몇 년을 같은 형태로 나오지만 결국 민춘란으로 되돌아 나오는 경우가 대부분이다. 지하경(죽근)으로 된 난을 배양시에는 차후 원예적 가치뿐 아니라 꽃도 기대를 저버리는 경우가 많으므로 이러한 죽근을 배제하고 배양하는 것이 바람직 하다고 할 것이다. 따라서, 산지 환경을 읽을 줄 알아야 실수가 없다. 생강촉이 아니고, 죽근에서 올라온 것이나 백벌브가 여러 개 달려있는 한 촉짜리 입변 등은 환경적 요인에 속아서 입변으로 착각하는 일이 없어야 한다.

반면에, 부엽 속에 무기태질소가 많은 산지에서는 잎이 길고 연약하더라도, 잎끝에서 강성을 띠고 있는 것들은 집에서 길러보면 입변으로 돌아나올 확률이 높다. 광엽(넓은 잎)을 가지고 길게 늘어져서 도장된 것처럼 보이는 개체들도 잎끝이 옥아 있는 것들은 무조건 환엽 입변으로 돌아나온다. 도장이란 난잎이 부엽이나 과다한 시비 또는 광합성 부족으로 정상상태보다 늘어난 현상을 말하며 부엽층이 두터운 산지에서 많이 나타난다. 부엽이 적은 마사토에서 자란 난은 유전적 변이를 쉽게 알 수 있지만, 부엽이 많은 자생지의 난은 치마잎이 옥아 있는 반면 다음 촉들은 길게 늘어지는 특징이 있기 때문에, 잎을 관찰할 때는 1, 2, 3엽을 중요시하여 유심히 관찰하고 잎끝이 옥아 있는지, 잎끝이 딱딱한 감이 있는지 등의 성질을 아는 것이 입변을 아는 길이다. 난잎이 늘어져 있어도 1, 2엽이 짤막하고 다음 잎들이 늘어져 있으면 주의해서 살펴서 입변 개체들을 놓치지 말아야 한다.

입변은 배골맥과 부맥이 발달되어 난잎 기부를 가위로 자른 다음 내려다 보면 잘려진 단면이 동그랗지 않고 팔각형의 모양을 갖는다. 팔각형 모양이 되는 이유는 배골맥과 부맥이 발달했을 뿐만 아니라 산반성이 강하기 때문인데, 기부 위에 치마잎이나 포엽이 끝나는 부분을 손으로 살짝 눌러보면 속이 빈 것같은 느낌이 든다. 잎의 장수가 많고 적음이 문제가 아니라 잎도 짝변의 형태를 보인다. 짝변이 되는 이유는 심맥의 좌우 난잎이 각각 독립적으로 자란다는 의미이다. 다시 말해서 한 장의 잎이 배골을 중심으로 배골 좌나 우에서 먼저 한쪽이 자라고 반대쪽 잎장이 자라기 때문에 짝변(배골을 중심으로 잎의 좌우가 틀린 것)이 되는 것이다. 입변의 잎장수가 적은 이유는 한장의 난잎이 배골을 중심으로 잎의 좌우가 각기 다른 한장으로 자라기 때문이다. 한장이 두장에 해당하기 때문에 한장이 먼저 자라고 다시 한장이 자라는 것이고, 여섯장의 잎이 석장이 되었기 때문에 후육지고 단단하고 야무진 것이다. 하여 입변의 잎장 하나가 일반 난의 잎장 두개라고 생각을 하고, 좌우가 각기 성장을 하기 때문에 짝변으로 이루어지고, 그늘진 곳에서는 뱀처럼 꾸불꾸불 하게 자라기도 한다.

고수들이 입변을 선호하는 이유는 꽃의 화형보다는 "갖춘난"에 가깝기 때문이다. 갖춘난이란 평소에는 엽예로써 즐기다가 꽃철에는 화예로써 즐길 수 있는 난을 말하며, 입변 색화는 "갖춘난"의 대표적인 예에 속한다 할 것이다.

환엽도 입변의 한 종류로써 입변에 속하는 것으로 볼 수 있다. 자생지에서는 환경에 따라 환경적 변이를 일으켜, 입변이나 환엽이 잎장이 길고 좌우가 꾸불꾸불한 개체로 자라기도 하는데, 그 중에서 잎끝이 옥아 있는 개체는 환엽변으로 자라게 되고 피침형이면 입변으로 자라게 된다. 이는 산반성과 관련된 것으로 자신의 유전적 형질을 나타내는 것보다 생존이 우선이기 때문에 자생지에서는 본래의 성질을 나타내지 못하다가, 산채하여 기르면서 환경이 좋아지면 숨겨져 있던 본래의 유전적 형질을 나타내게 되는 개체이다.

입변이라 하는 것은 말 그대로 입에 변이가 와서 기본을 벗어난 잎이다. 산채시 입변의 특징으로는 짧고 옥아지고 후육질에 당당하게 생긴 놈을 입변이라 한다. 대부분의 입변은 잎장수가 2-3장인데 반하여, 잎장수가 그 이상으로 더 많은 입변은 그 종자성이 더욱 우수하다고 볼 수 있다.

환엽 역시 입변의 한 종류이다. 환엽은 한문용어로서 쉽게 풀이하면 둥근 잎이란 뜻이다. 하지만 잎의 끝이 둥근 현상만을 말하는 것은 아니며, 잎끝이 둥글면서도 잎의 끝쪽에서 잎이 넓어지는 현상을 말한다. 즉, 입변의 한종류라 할 수 있으며, 환엽은 엽예품과 동시에 두화 또는 원판화를 피울수 있는 개체이기 때문에 가치가 높다고 할 수 있다. 부엽이 두텁게 쌓인 자생지에서의 환엽의 형태를 살펴보면, 무기태

질소가 많은 산지에서는 잎이 길고 연약하더라도 잎끝은 옥아지면서 강성을 띠고 있는 것들을 볼 수 있다. 즉 이러한 것들이 집에 와서 배양하면 환엽으로 돌아 나온다. 광엽을 가지고 길게 늘어져서 꼬여있는 난잎으로 부엽이나 과다한 시비 또는 광합성 부족으로 정상 상태보다 늘어난 잎을 갖고 있더라도 잎끝이 옥아 있고 강직한 것은 무조건 환엽 입변으로 돌아 나온다.

3 단엽

단엽종이란 말은 근래 들어 새로 만들어진 용어로써, 민단엽, 철갑단엽, 갑룡단엽 등 단엽의 이름도 많은데 라사가 있는 단엽을 단엽종으로 부르고 있다. 라사단엽을 정통으로 표현하자면 갑룡단엽이라는 말이 있음에도 불구하고 포르투칼 직물의 이름을 붙여 라사단엽이라고 하고 있으며, 따라서 라사가 있는 단엽을 단엽종이라 하고 있다. 단엽종에서 종(種)자는 씨종자로 단엽을 통칭하는 묶음을 뜻한다. 다시 말하면 철갑단엽, 민단엽, 갑룡단엽 등을 통칭하는 용어가 단엽종인데, 라사가 있는 단엽만을 단엽종으로 보는 것은 너무 좁은 해석이다. 보통 난들은 대여섯장의 잎의 개수를 가지고 있는데 비해, 단엽의 잎 장수는 보통이 3장 내외에 불과한데, 이는 유전자 요인으로 6장의 난잎이 3장으로 되면서, 뿌리에서 공급하는 영양이 남은 3장의 난잎에만 집중되는 탓에 난잎이 후육질이 된다. 즉 단엽 한장의 난잎이 일반 난잎 두장의 영양을 소모하고 있다는 말이다.

단엽 산채요령을 살펴보면 단엽은 난이 자생하는 산에는 거의 있다고 보면 된다. 자생지가 부엽속이라 발견이 어려울 뿐이다. 처녀지라면, 자생한 단엽이 잎끝이라도 보이는 경우가 있지만, 이미 알려진 단엽자리는 부엽을 걷어내지 않고는 발견하기도 쉽지 않다. 왕초보는 단엽을 밟고가도 못찾고, 2년 초보는 한번 훑어보고 그냥가고, 중수는 두번을 긁어내고, 고수는 세번을 파낸다는 말이 있는데, 요즘은 흙까지 파내서 체로 친 다음 생강을 모조리 담아가는 이도 있다고 한다. 그러나, 단엽밭에서는 무작정 아무곳이나 파는 것이 아니라, 단엽이 있을 자리를 훑어 봐야 한다.

첫째, 단엽밭에 가면 가만히 앉아서 주변바닥을 잘 살펴봐야 한다.

둘째, 바람이 불어서 부엽인 낙엽이 어느쪽에 모이는가를 살펴본다.

셋째, 돌출된 나무뿌리나 큰 돌, 쓰러진 나무 주위 등, 난씨가 머무를만한 자리를 살펴본다.

넷째, 비가오면 빗물이 흐르다가, 고일만한 자리를 찾아 살펴본다.

다섯째, 가볍게 한두번 정도 긁어본 뒤에, 다시 한번 바닥이 들어나도록 부엽을 걷어내면서 천천히 훑어가며 깨알만한 잎끝이 보이는가 유심히 살펴야 한다.

확인후에는 드러난 바닥을 반드시 원위치로 해줘야 한다. 단엽은 생강근이 부엽에 묻혀 있을지라도 잎끝은 진녹색이므로, 자세히 살피지 못하면 놓치고 마는 것이 단엽이다.

왜소종이라 함은 단엽이 아닌데도 일반적 난잎의 두께를 가지면서 단엽처럼 키가 작고 덩치가 작은 개체들을 말하며 "단엽성"이라고 부르기도 한다. 사람으로 보자면 체형이 난장이인 사람이 단엽의 성질을 가진 난이라면 난장이는 아니면서 그냥 키가 작고 몸집이 작은 사람을 왜소종이라고 한다. 춘란에는 짜보라는 용어가 있지만, 짜보라는 말은 중국 어느지역 당닭을 의미하는 말인데 이 닭의 덩치가 일반닭보다 배이상 크기가 작은것을 두고 짜보라 하였는데 이를 춘란에 가져와 왜소종을 짜보라 부르기도 했다. 개를 보자면 소형견에 불독이라는 개가 있는데 머리도 굵고 덩치도 당차고 살도 찌고 한데 같은 소형견 중에 미니핀이라는 개는 깡마르고 살도 없고 머리도 작다. 이 미니핀이 춘란으로 표현하면 왜소종이 된다.

장단엽이라는 말은 합천에서 발견된 단엽의 성질을 가진 입변을 일본상인이 사서 가져간 후 일본에서 달마라고 명명하여 한동안 우리나라에서도 달마라고 부르기도 하였는데, 근래에 들어서 그런 성질을 가진 난을 장단엽이라고 부르게 되었는데 이는 잘못된 표현이다. 입변이란 단엽종의 규격(잎장의 길이가 8센티 이내)을 벗어나고 그 형태와 성질을 가지고 있는 난을 말하는데, 장단엽이라 함은 길고 짧은 잎을 가진 난으로 말에 모순이 있다. 입변이라 하는것은 단엽이나 환엽등의 명칭을 사용할수 없는 후육지고 골이 깊은 개체들로 단엽의 크기를 벗어나고 환엽의 모습을 갖추지 못하였지만 그 성질은 그대로 가지고 있는 개체들로 요즘 신종용어에 속하는 장단엽 장입변들이 민추리 범주를 벗어난 잎의 성질을 가진 난을 통칭하는 용어이다. 따라서, 향후에는 장단엽이라는 말 대신 입변이라는 말을 사용하여야 할 것이다.

4 엽예품

녹색을 기본으로 하는 한국춘란의 잎에 선상(線狀)과 반상(班狀)의 무늬를 갖고 있고, 이러한 무늬들이 다음 신아에서 계속적으로 나타나 고정된 경우를 엽예품이라 한다. 엽예품은 크게 선상의 복륜반과 호반(縞), 반상의 사피반과 호피반으로 분류한다. 난잎의 무늬 이외에도 기엽이나 환엽, 입변, 단엽과 같이 난잎의 형태로 보는 엽예품들도 있다. 난잎의 형태에 따른 개체는 앞 절에서 다루었으므로, 본 절에서는 난잎의 무늬에 대한 엽예를 다루기로 한다.

4.1 복륜반(覆輪斑)

난잎의 가장자리를 타고 잎끝에서 기부를 향하여 무늬색이 들어 있는 형태가 복륜반이 된다. 갓줄무늬라고도 한다. 무늬의 폭에 따라 사복륜(絲覆輪)과 대복륜(大覆輪)으로, 무늬의 깊이에 따라 조(爪, 손톱 조)와 심조(深爪) 복륜으로 나누며 무늬색을 앞에 붙여 황복륜, 백복륜, 녹복륜 으로 부르기도 한다.

① 대복륜 : 잎가장자리의 선이 기부에서 끝까지 굵게 들어간 복륜.

② 사복륜 : 잎가장자리의 선이 기부에서 끝까지 실같이 가늘게 들어간 복륜.

③ 조복륜 : 잎 끝에 0.5~1㎝ 정도 복륜 무늬를 두름. 조는 한자의 손톱을 의미함.

④ 복륜호 : 복륜과 호가 혼재한 무늬.

⑤ 녹복륜 : 연녹색의 잎에 짙은 녹색의 복륜을 두름. (서복륜이라고도함)

4.2 호반(縞斑)

잎끝에서 기부를 향하는 복륜반과는 반대로, 호반은 기부에서 잎끝을 향하여 무늬색을 나타낸다. 중투(中透), 중압호(中押縞), 중반, 호(縞), 녹호(綠縞), 발호(拔縞), 원평호(源平縞), 삼광호(三光縞) 등 다양한 무늬의 형태로 나누어진다.

① 중투 : 백색 또는 황색 바탕의 잎에 녹색의 테를 두른 무늬. 중투는 단지 무늬를 가리키는 용어이므로 무늬명으로는 쓰이지 않음.

② 중압호 : 백색 또는 황색 바탕의 잎에 초록색 복륜을 두른 것으로 잎끝의 초록색 조가 깊게 들면서 기부쪽으로 내려가는 가는 호와 기부에서 잎끝으로 향해 올라오는 초록색호가 서로 엇갈리는 무늬

③ 호(縞) : 잎의 배골을 제외하고, 엽맥 방향으로 한 줄내지 여러 줄이 들어간 무늬.

④ 녹호 : 연녹 또는 녹색 바탕에 진한 녹색 호가 든 것.

⑤ 발호 : 기부에서 나온 호(縞)가 잎 끝에서 빠져나간 호.

중투가 나오는가 하면 무지로도 나오는등 구늬의 고정이 어렵다.

여러 대를 거치면 거의 무지로 나오는 확률이 높다.

깜짝호 또는 봉호(棒縞)라고도 한다.

⑥ 원평호 : 잎의 반쪽만 호가 든 것으로, 반졸호라고도 함.

⑦ 삼광호 : 복륜을 두르고 호가 기부에서 시작하여 잎끝까지 닿지 않은 무늬.

⑧ 천근호 : 복륜을 두르고 호가 잎끝에서 시작하여 기부까지 닿지 않은 무늬.

⑨ 호복륜 : 복륜과 호가 혼재한 무늬

⑩ 조호 : 백색 내지 황색의 조에 호가 든 무늬를 말한다.

중투는 무늬를 가르키는 용어이며 가장 자리로 녹을 남기며 엽심을 물들이는 모든 형태의 무늬를 총칭하는 말이며, 단순히 엽심만을 물들이는 중투를 비롯하여 무늬색 안으로 녹호를 갖는 것은 모두 중투와 중투호에 속한다. 중투는 녹호없이 중투반만 있는것이 중투이고 중투호는 중투에 녹호와 같이 있는것이 중투호이다.

4.3 사피반(蛇皮斑)

황색, 백황색, 백색 바탕인 잎에 초록색의 작은 점이나 극히 짧은 선이 들어 있는 무늬를 사피반(蛇皮斑)이라 한다. 그물무늬 또는 깨알무늬라고도 한다. 전면사피(全面蛇皮), 산반사피(散斑蛇皮), 단절사피(段切蛇皮), 망지(網地), 사자반(砂子斑) 등이 있다. 사피반은 대부분 신아 때부터 무늬가 들어서 나오지만 성촉이 되면서 소멸되어 흔적만 남으며, 우수한 품종은 2~3년간 소멸되지 않는 것도 있다. 바탕색은 호피반과 같이 황색과 초록색점과의 색대비가 좋을수록 감상가치가 높다. 사피반은 한국춘란과 일본춘란에만 나타나는 것으로 알려진 매우 독특한 무늬이다.

① 전면사피 : 잎 전체가 황색, 백황색, 백색 바탕에 초록색 작은 점들의 불규칙한 무늬.
② 산반사피 : 잎에 산반과 사피가 공존하는 무늬를 말한다.
③ 단절사피 : 사피가 일정한 간격을 두고 계단처럼 들어 있는 무늬.
④ 망지 : 난잎에 그물 모양으로 무늬가 들어오는 것.
⑤ 사자반 : 신아가 나올 때 선명하게 모래알 같은 사피 무늬가 들어 나오지만, 점차 소멸.

4.4 호피반(虎皮斑)

초록색잎 바탕에 황색 내지 황백색의 호랑이 가죽 같은 얼룩무늬가 드는 무늬를 호피반(虎皮斑)이라 한다. 전에는 호반(虎斑)이라 했으나 호반(縞斑)과 구별하기 위하여 호피반이라 쓰고 있다. 후천성에 명품이 많은 호피반은 무늬의 형태에 따라 크게 절반(切斑)과 대절반(大切斑), 단절반(段切斑), 맹호(猛虎), 연반(緣斑), 도(圖), 이반(耳斑)으로 나눈다.

① 절반 : 녹색의 잎에 경계가 뚜렷한 황색 또는 황백색 호피반이 든 것.
② 대절반 : 호피의 단절이 크게 들어간 무늬.
③ 단절반 : 일정한 간격을 두고 계단처럼 들어 있는 무늬.
④ 맹호 : 호피반 무늬중 초록색잎에 농황색으로 뚜렷하게 든 호피반.
⑤ 연반 : 잎의 가장자리에 들어가는 호피반.
⑥ 도 : 대패로 나무를 깎아서 나오는 나무결 모양으로 엷게 들어간 호피반. 도호반이라함.
⑦ 이반 : 잎의 양쪽에 서로 마주보고 작은 호피반이 나타나는 것.

4.5 서반(曙斑)

녹색의 잎에 경계가 뚜렷하지 않는 백색이나 황색의 반(斑)이 들어간 무늬를 말하며 점점 초록색이 발현되기도 한다. 황색으로 남는 경우가 많다. 근안반(根岸斑), 선반(先斑), 청태(青苔), 서호반(曙虎斑) 등의 종류가 있다.

① 근안반 : 기부쪽에서 서반이 발현되는 것
② 선반 : 잎 끝에 서반(曙斑)이 든 무늬를 말한다

③ 청태 : 백색 또는 황색 바탕의 난잎에 희미한 초록색 이끼가 낀 듯한 반. 대부분 소멸됨.

④ 서호반 : 서(曙)속에 황색이나 백색의 호피반이 어렴풋이 들어있는 무늬

4.6 산반(散斑)

잎의 엽맥(葉脈)에 평행하여 백색이나 황색의 가는 줄이 들어 있는 무늬를 산반(散斑) 이라 한다. 빗살무늬, 빗살무늬, 햇살무늬라고도 한다. 산반사피(散斑蛇皮), 산반중투(散斑中透), 전면산반(全面散斑), 산반호(散斑縞) 등의 종류가 있다. 산반은 보통 소멸되는 경우가 많지만, 소멸되지 않는 경우도 있다.

① 산반사피 : 잎에 산반과 사피가 공존하는 무늬.

② 산반중투 : 잎의 바탕은 산반이지만 가장자리가 초록색 복륜으로 둘러진 무늬.

③ 전면산반 : 산반무늬가 소멸되지 않고 잎 전체에 남아있는 무늬.

④ 산반호 : 산반이 선명하지는 않지만 가느다란 호로 든 무늬.

5 화예품

화예품은 난꽃의 예를 감상하는 난이다. 화예품의 종류는 꽃의 색에 따라, 다음과 같이 분류할 수 있다.

■ 색화

① 황화 : 노란색 꽃이 핌.

② 주금화 : 주금색(황화와 홍화의 중간) 꽃이 핌.

③ 주등화 : 주금색보다 홍색이 조금 더 강함

④ 주홍화 : 주홍색 꽃이 핌.

⑤ 홍화 : 홍색 꽃이 핌.

⑥ 도화 : 복숭아 꽃과 같은 색의 색화가 핌.

⑦ 자화 : 자주색 꽃이 핌.

⑧ 백화 : 흰꽃이 핌.

⑨ 복색화 : 백색/황색을 제외한 색이 녹색과 함께 꽃잎의 주부판에 나타남.

진정한 의미의 복색화는 주금을 복색으로 브지 않지만, 요즘 대부분의 사람들이 주금을 복색에 포함시켜 복색화라 한다. 기부에서 나타나는 복색은 중투 복색이 되고, 그 외에 호복색, 복륜 복색, 산반 복색으로 서가 자리하는 위치에 따라 복색이 다르게 나타난다. 난꽃의 무늬에 따른 화예품의 종류는 다음과 같다.

■ 무늬화

① 산반화 : 꽃잎의 주부판에 산반 무늬가 있음

② 중투화 : 꽃잎의 주부판에 중투 무늬가 있음.

③ 호화 : 꽃잎의 주부판에 호 무늬가 있음.

④ 복륜화 : 꽃잎의 주부판에 복륜 무늬가 있음.

무늬화로 오인하기 쉬운 예로 수채화가 있다. 무늬화는 산반이나 중투처럼 고정적 무늬를 가지는데 비하여, 수채화는 고정적인 무늬가 없이 무늬의 형태가 고정되지 않고 계속 바뀐다. 수채화는 약한 화판 안쪽에 혈관이 터져서 보호색 또는 화근의 색이 밀려 나온 것이다. 수채화는 색화가 아니라 자반화로 분류하여야 한다.

■ 자반화

① 수채화 : 주부판 안쪽의 약한 화맥이 터져 화근의 색이 펴져 나옴.

꽃의 화형은 타고난 것이라 변할 수 없고, 세력에 따라 화육이 후육으로 될 수는 있다. 화형에 따른 화예품의 종류는 다음과 같다.

■ 화형

① 두화 : 주부판의 폭과 길이가 같고, 50원 동전 크기. 만개 시 동그란 모양을 유지.

② 원판화 : 두화보다 크기가 크고, 만개 시 꽃잎 테두리로 원을 그

려 원안에 들어옴.

꽃잎의 주부판의 모양에 따른 화예품의 종류는 다음과 같다.

■ 주부판 모양

① 매판 : 매판은 매화 꽃잎을 닮았다해서 꽃잎 끝이 둥글다

② 하화판 : 하화판은 연꽃잎을 닮았다해서 붙인 이름

③ 수선판 : 수선판은 꽃잎 끝이 수선화처럼 생겼다해서 수선판의 끝이 좁다.

꽃은 화형이 우선이다. 무늬가 있는 기화의 경우에도 화형이 우선이다. 박육의 잎에서도 배양 환경에 따라 후육의 꽃잎이 필 수 있다. 꽃은 색이 날라가거나 화형이 변할수도 있으므로 만개해서 일주일 이상 지켜보아야 한다.

화예품 중에서 주부판에 화근이 없이 깨끗하고 설판에 화점이 없으면 소심이라 한다. 소심은 포의나 화경에 화근이나 색이 들지않아야 한다. 설판 전체에 색이 든 것을 색설이라 한다.

일반적인 자화는 주부판 화선의 색이 번져 색이 든 것으로 이러한 자화는 포의끝을 먹물에 담군것처럼 색이 들어 있다. 좋은 자화는 포의에 색이 없이 맑고 깨끗하며 화맥과 화맥 사이 화간의 색이 번진 자화만 자화로써 인정할수 있다. 나머지 자화는 세월과 대를 거듭할수록 눈물의 자화 개자화가 된다.

백화는 서의 색소가 아니라 꽃잎속에 내재된 기포에 의하여 설백화로 보인다. 준백화에는 미백화 황백화가 있지만 완벽한 백화는 설백화만 인정할수 있다. 설백화는 백의 플라본과 플라보노이드의 색성이 아니라 꽃잎속에 내재된 기포에 의하여 하얗게 보이는 것이다.

6 기화와 기엽

기화란 정상적인 형태를 벗어난 꽃으로 주판, 부판 및 봉심과 설판의 형태가 정상적인 것과 다르거나 수가 적거나 많아진 것을 말한다. 주부판 일부가 설판화(舌瓣花)되거나 봉심과 설판이 유착된 것, 설판이 주부판의 꽃으로 변한 것, 겹꽃으로 피는 것 등, 정상적인 꽃과 다른 모양을 하고 있는 꽃의 총칭을 기화라 한다. 꽃의 어느 부분이 일반적인 형태에서 벗어나게 되면 기화라 한다. 즉, 꽃잎의 수가 많다거나, 혀가 아닌 설판화하거나 혀가 화판화된 것을 기화라 한다. 그러나 형태가 이상하다고 하여 무조건 예를 부여하는 경향이 있는데, 명품의 조건은 기화라도 엄격하다. 모양이 비록 기본형에서 벗어난 형태일지라도 단정해야 하며, 좌우동형(左右同形)등으로 알맞는 균형감이 있어야 한다. 또한 매년 같은 형태의 꽃을 피워야 기화로써 인정을 받을 수 있다. 즉, 흔히 말하는 고정성이 있어야 하며, 누가 꽃을 피워도 같은 꽃이 나와야 한다. 다음은 기화의 여러가지 종류에 대하여 간략하게 정리해 보기로 한다.

① 겹꽃 피기 : 꽃잎이 여러장 이중으로 핌.

② 나비 피기 : 꽃잎이 설판화되어 마치 나비같은 모양.

③ 모란 피기 : 꽃잎이 모란꽃처럼 핌.

④ 삼예 : 봉심이 설판화 되어 뒤로 젖혀짐.

설판이 3장이라 삼심기종(三心奇種)이라 함.

⑤ 삼판일비두 : 봉심과 설판 비두가 붙어 있음.

예 중국춘란 취도(翠桃).

⑥ 자보 피기 : 꽃 옆에 작은 꽃이 달려서 핌

⑦ 팔중 피기 : 팔중(八重)이란 겹꽃의 일본말. 겹꽃으로 핌.

예 중국춘란 여호접.

⑧ 호접 피기 : 부판이 설판화되어 핌.

⑨ 환접 : 봉심이 설판화 되어 기형으로 핌.

예 중국춘란 예접(蘂蝶)

기엽이란 우리가 흔히 알고 있는 춘란의 기본적인 엽의 형태에서 벗어난 형태를 보이는 것을 말한다. 잎이 구불거리거나 심하게 말려있거나 극단적으로 찌그러진 것도 있다. 산채를 하다 보면 잎의 한 부분이 아코디언 주름처럼 접혀있는 것을 간혹 볼 수 있다. 그런 경우 기엽일 수도 있지만 대부분은 성장 시 돌이나 나무 등 단단한 물체 때문에 성장을 하면서 잎이 접힌 것 일뿐 다음 신아부터는 정상으로 나오는 것을 볼 수 있다. 진정한 기엽은 돌연변이의 성질이 고정되어 신아도 계속해서 그런 형태로 나와야만 기엽으로 인정을 한다. 기엽에서 기화를 기대를 할 수도 있지만 확률은 그리 높지 않다.

7 키메라

뿌리가 손가락 만큼 굵어지는 이유는 키메라 일수도 있다. 키메라라는말은 신화에 나오는 동물로 있을 수 없는 일을 뜻한다.

부변설이라는 것은 꽃잎 부판에 난꽃의 설이 나타나는 것으로 이것을 결실과 전좌라 한다. 꽃잎 부판 한쪽은 부판 한쪽이 결실이 되고, 꽃잎설이 전좌되어 부판에 붙은 것을 말한다. 그리고 키메라에는 덧붙여진 키메라도 있다. 키메라에는 쌍설 삼설 등의 설도 있는데, 하나의 설이 더 있기도 하고 두개 이상의 설이 더 있기도 한다. 뿌리에도 키메라가 나타나는데, 영양공급 저장고가 커서 나타나는 것은 뿌리의 모세관이 굵어져서 나타나는 경우이고 난석의 공간이 커서 나타날수도 있지만 기본이상으로 커진 경우에는 키메라 복합전좌에 해당된다. 뿌리가 있는데 또 뿌리가 보태지고 또 보태져서 어느 한 부분만 유독 굵어지게 된다.

키메라는 유전이므로 고정된다. 부변설이 다음해에는 정상으로 피기도 하는데, 이는 키메라 밴딩으로, 키메라의 유전을 받은쪽에서는 고정으로 나오고, 키메라 형질을 가지지 않은 쪽에서 꽃대를 달면 정상화가 피므로, 키메라 쪽으로 분촉을 하여 길러야 한다.

8 산반과 서

8.1 산반과 서의 원리

산반이 인체에 피를 통하게 하는 혈관이라면 서는 혈액이다. 난잎에는 심맥과 부맥이라는 종방향의 평행맥이라는 혈관이 있으며, 축으로 심층, 내층, 표피층을 관통하는 혈관이 있다. 난잎에 있는 혈관이 선천성 장애로 나타나는 것이 산반이다. 쉽게 접할 수 있는 잎끝 산반은 맥단(난잎끝 혈관)이 부풀어 녹을 밀어 내게 된 것이며, 혈관이 경직되거나 부풀어, 정해진 공간에서 혈관이 차지하는 자리가 클 적에 나타나는 것이 산반이며, 정해진 공간에서 많은 혈관이 부풀어져 서로 공간이 비좁을 때 난잎이 딱딱하게 되는 이유이기도 하고, 더 심하면 제비꼬리처럼 연미져 난잎 끝이 갈라지기도 한다.

서는 혈관을 통하는 혈액이다. 난잎속의 평행맥은 지하부 뿌리에서 올려지는 수분과 영양을 공급하는 혈관이며 광합성을 통해 만들어진 영양을 지하부로 내리는 혈관이다. 인체의 동맥과 정맥으로 이해를 하면 된다. 서는 혈관에 존재하는 기본적인 황색의 서와 변이로 나타나는 홍색의 서가 있다. 쉽게 이해를 돕기 위해 표현 방법을 달리하자면 황색의 서는 혈중 콜레스테롤(지방)이 높은 증상이고 콜레스테롤이 높으면 멋진 진성 황화의 꽃이 될 것이고, 홍색의 서는 인체 피부가 햇볕에 그을리면 피부가 붉거나 검게 나타나는 멜라닌 성분이 있는 것으로 이해할 수 있다. 산반이 혈관이라면 서는 혈액이다.

8.2 산반

산반이란 한자로 흩어질 산(散) 얼룩반(斑)이며, 난잎에서 흩어진 무늬라 함은 백이나 황색을 띈 무늬가 햇살처럼 부서져 들어 있는 것을 말한다. 일반적으로 난잎 선단부에 화려한 산반(빗살무늬 또는 햇살 무늬)이 들어 있는 것을 보고 산반이라고 생각하지만, 산반의 생성원리는 난잎의 평행맥에 있다. 나무잎은 그물맥으로 이루어져 있고, 난잎은 길이방향으로 만들어진 평행맥이 영양과 물을 공급하거나 지하부로 내려 영양을 비축하는 통로이다. 평행맥은 물이나 영양을 운반하는 물관과 체관으로 이루어진 관다발이며, 관다발의 단위 세포벽이 단단해지고 그 속에 녹색을 띄는 엽록소 생성을 억제하여 백색선의 형태로 나타나 보이는 것이 산반이다. 화려한 백색의 무늬가 발현되어 어느 정도 시간이 경과되면 다시 녹이 생성되어 소멸하고 일부만 남는 특징을 보인다.

백색의 아름다운 엽과 종으로 굴곡져서 주름치마처럼 보이기도 하고 선으로 표출되어 호, 중투로 발전하는 예의 시작점이 되기도 한다. 산반은 난잎의 조직변이가 생긴 유전자 변이이므로, 산반은 엽의 모양과 형태만으로도 산채시 멀리서 보아도 산반임을 알수가 있다. 일명 빠빠시로 통하거나 입엽의 형태를 띄는 강건한 모습으로 보이는 난은 모두 산반이 있기 때문이다. 서와 마찬가지로 모든 난에는 산반이 있으며, 산반력의 많고 적음과 속에 내재되고 겉으로 들어 나고의 차이일 뿐이다.

산반은 모든 엽예의 기본이며 화예의 기본이다. 난잎에 흰 가는선이 많이 산재하여 밝고 화려하게 보이고, 난잎은 옥아지거나 환엽, 입변 등의 형태로 형태산반이 나타나거나, 연미져서 난잎 끝이 갈라지기도 하고, 산반이 축으로 듦으로서 무늬반이 만들어진다. 여기서 서가 부족한 산반이 무늬로 나타날때는 녹 결여 현상의 반이 생긴다.

대부분의 난이 산반성을 띄고 있지만, 난잎 내피층과 심층에 든 산반이나 서가 혼재된 산반을 찾을 수 있는 노력이 필요하다. 이런 특징을 안다면 10~30미터 떨어진 곳에서도 "저기 산반있네"라고 말할 수 있을 만큼, 멀리서도 산반의 형태적인 특징을 한눈에 알아 볼 수 있다.

산반의 무늬의 색에 따라서 백산반, 황산반 등으로 구분하기도 하지만, 무늬의 모양에 따라 선반, 축입, 서산반, 산반호, 외산반, 내산반, 전면산반, 쑥산반, 끝산반, 산반중투, 산반복륜 등으로 구분한다. 선반은 산반무늬가 잎 끝부분에 나타나는 것이다. 축입산반은 산반의 무늬가 축방향으로 든 것으로, 말이 달릴때 말 발꿈치에서 일어나는 먼지의 형상과 같이 엽의 단면에 나타나는 상태를 말하며 후육에 육질이 부드럽고 올록볼록현상이 난잎에 나타나는 것이 특징이다. 내산반은 내피층에 산반의 무늬가 든 것으로 외관상으로는 표피층의 녹에 가려 산반 무늬가 보이지 않지만, 햇볕에 비춰보면 산반 무늬가 보인다 하여 스카이 산반이라고도 한다. 외산반은 복륜의 테와 같으나 녹과의 경계가 없는 상태, 전면산반은 산반의 무늬가 잎의 전면에 고르게 나타난 무늬, 전면산반호는 전면산반에 산반호가 든 상태의 무늬이며, 산반호는 산반에 호가 섞인 무늬로 선명치는 않으나 가느다란 호가 들어 있어 아름다운 편인데 산반은 소멸되는 경우가 많다. 쑥산반은 난잎 심층에 산반의 무늬가 든 상태로 서가 많이 들어 있어 안개반으로 나타나서 혼탁한 쑥색으로 나타나 보이는 것으로 안개반 서라고도 한다. 서산반은 서 개체에 녹색의 미세한 선의 경계없이 산반무늬를 이루고 있는 것으로, 명명품 태극선처럼 서산반에서 좋은 꽃을 많이 피운다. 중반은 원래 서반의 무늬를 말하지만, 산반이 반처럼 굵은 무늬가 형성되는 산반도 중반이라고 한다. 산반복륜은 신아가 출아시에 전면산반으로 나와 중앙부는 소멸되고 복륜무늬만 산반이 남아 있는 무늬를 말한다.

산반무늬가 화려한 표면층의 산반은 광량을 적게 하고 다소 습하게 배양하는 것이 좋으며, 그렇치 못할 경우 잎이 쉽게 탄다. 여기서 산반무늬 부분은 맥이 굵어져서 표피층으로 올라옴으로 인해 표피층의 녹이 밀려나게 되어 산반의 빗살무늬 부분이 육안으로 보이게 된다. 그래서 산반부분이 거칠고 딱딱해지는 이유이기도 하다. 하지만, 서산반의 경우에는 서와 산반이 공존해서 나타나므로 바교적 부드럽다. 산반호에서 배골중심의 호는 엽맥으로 나타나는 경우에는 크게 발전 가능성이 없다. 왜냐하면 심맥에서 주변맥이 압력을 받게 되더라도 난잎 표면에 나타나는 것보다 심맥이 산반력을 강하게 이송할 수 있는 능력이 있기 때문이다. 하지만, 부맥에서 나타나는 산반호가 축을 가지게 되면 엽예무늬로 발전하게 된다. 축으로 나타나는 산반에서 서가 있으면 반성호로 발전을 하고 반성호에서 중투로 발전하게 되는데 이 무늬를 반성호라 한다.

산반중투는 소멸되는 것과 소멸이 되지 않는 것이 있다. 소멸되는 경우는 소멸이라는 말이 잘못된 표현이다. 정말로 소멸이 된다면 다음 신아가 중투로 올라와서는 안된다. 이는 소멸중투의 산반력이 약해서 표피층의 녹이 발달하여 표피층을 덮고 가렸기 때문이다. 표층의 녹이 표피층을 덮지 않고 표출되는 것이 산반중투이다.

전면산반의 경우도 산반력이 가려지지 않고 표출된 것이며, 내산반은 그 반대의 경우이다. 쑥산반은 산반과 서가 서로 강하여 후육질이 되면서 산반무늬로 나타나지 않는 경우이다. 이것은 전면산반에 가운데가 서반이 있어서 서반 부분에 산반이 가려 보이지 않을 뿐이다. 축입산반은 산반이 있으면서 주변에 모래알같은 산반이 축으로 나타나고 확대경으로 들여다 보면 올록볼록함을 알 수 있다. 산반 중에 내산반이란 말 그대로 난잎 3층구조 중 내층에 산반이 있어서 눈에 보이지 않는 산반을 말한다. 산반의 성질은 가지고 있으나 산반의 무늬가 보이질 않지만 하늘로 비쳐 보면 산반이 보여 스카이 산반이라 한다. 서산반이 눈에 드러나는 서와 표층산반이 어울린것이라면 쑥산반은 심층서와 산반이 어우러진 것이다. 하여 산반이 눈에 들어나지 않고 서도 눈에 잘 들어나지 않지만, 다행히 산반성질로 인해 서의 색이 쑥색으로 보인다하여 쑥산반이라 한다. “산반이 색화의 기본이다.” 달리 표현하면 내피층과 심층에 든 축입산반을 찾으라는 것이다.

무늬가 화려한 산반화, 산반백화, 복색화가 산반에서 피는 대표적인 꽃이다. 전면산반, 잎끝산반, 선반산반일 경우 꽃이 제대로 물려주지 않는다. 주름이 잡힌 산반은 화형이 찌그러지거나 갈라져 화형의 예가 떨어진다. 산반에서 좋은 색화를 기대하려면, 화려한 산반보다는 축입 산반과 같이 내피층과 심층에 산반이 든 것을 찾아야 한다. 경험상 산반에서 색화를 보려면 대개 잎의 기부쪽을 보게 되는데, 산반에서 기부쪽이 맑고 잎전체에 황끼를 보이면 황화의 가능성, 설백이면서 기부쪽이 백색이면 산반백화의 가능성, 회색이나 자색이면 홍화나 적화일 가능성이 높다고 할 수 있다. 중간 배골에서 서반성으로 맑고 산반이 자잘하게 깨어져 흩어진 무늬는 좋은 색화를 피운다. 태극선도 산반에서 핀 대표적인 복색화로 축입으로 든 산반에서 좋은 꽃이 많이 핀다. 서산반은 선발색화를 쑥산반은 후발색화를 각각 기대하면 된다. 복륜복색이든 중투복색이든 모든 색화는 산반이 없으면 색화를 기대할 수 없다.

산반은 난잎에 나타나는 산반의 위치에 따라 다르고 산반성의 강도에 따라 다르게 나타난다. 난잎 표층에 산반이 보이면 전면산반이 된다. 표층에 산반이 있더라도 잎끝 선단부에 산반이 나타나면 서의 색에 따라 백산반이나 황산반이 된다. 하지만 화려한 산반일수록 좋은 꽃을 기대할 없는 이유가 영양도 끊임없이 공급이 되듯이 산반력도 끊임없이 공급이 되어야 좋은 꽃을 볼 수가 있다, 색화일 경우에도 색의 서가 꽃이 만개하고 질때까지 어쩌면 그 이상의 색이 공급되어야 한다. 산반도 난잎 표층부터 내층, 심층까지 들어있는 것은 아주 귀한것이라 할수 있다. 산반이 화려하면 좋은 꽃을 보기 힘들다 하는 말이 난잎 표층의 산반을 보기 때문이며, 산반은 작고 가는 선들의 집합으로, 작고 가는 선이 생기는 원리는 조직이 경직되어 자라면서 경직된 조직

주변에 녹이 밀려나거나 또는 조직 아래로 내려가거나 소멸되면서 녹이 사라지고 화려한 산반의 무늬를 가지게 되므로 산반의 잎성은 비교적 강직하다.

산반이 강한 난잎은 잎끝이 옥아지고, 너무 강하면 난잎끝이 갈라져서 제비꼬리처럼 연미진다. 이것은 산반이 잎끝 맥단에서 평행맥이라는 파이프가 부풀어서 비좁은 공간 크기보다 파이프가 더 크게 부피가 커지면 내부에서 발생하는 압력을 이기지 못해 난잎이 터져 갈라지는 것이다.

8.3 축입산반

잎 선단부에서 기부쪽으로 평행맥과 같은 방향으로 무늬가 든 것을 종(縱)이라 하고, 난잎의 평행맥에 수직한 방향(거치에서 반대편 거치 방향)으로 무늬가 든 것을 횡(橫)이라 할 때, 난잎을 관통하는 방향(잎의 뒷면에서 앞면으로 잎의 평면에 수직한 방향)을 축(軸)이라 한다. 축방향으로 모래반 같은 자욱이 생성된 것을 축입산반이라한다.

서와 산반이 섞여 축으로 나타나면 중투나, 호, 호반 등으로 나타나는데, 서가 약할 경우에는 연중투, 연복륜, 연호반, 연서반 등으로 나타난다. 이는 산반력이 강해서 산반이 가지는 유전자 변이적인 딱딱한 조직에 의해 녹이 밀려나는 현상이다. 흔히들 축입 산반을 두고 선단부의 산반이 깊게 내려와 녹과 교차하는 것이라고 설명하지만, 이는 잘못된 설명이다. 그것은 학예복륜이라 하는 것으로 복륜과 산반이 동시에 나타난 것이다. 또 하나는 산반이 깊게 내려오고 기부에서 산반이 선단으로 올라와 서로 교차한다고 설명을 하지만 그 역시 틀린 설명이다. 산반의 신아는 백색으로 출발하여 녹이 차는 특징이 있고 또 내층이 백색이고 표피층에 연한녹을 쓰고 있는 것도 있다. 잎에 산반이 길이방향으로 든 경우라면 무광에 육질이 얇으면서 딱딱하고 올록볼록한 요철현상이 나타나는 반면, 산반이 축으로 든 경우에는 후육에 서성이 부드러운 것이 특징이다.

8.4 수정산반

수정산반이란 춘란에서 정말 귀한 개체이다. 인터넷에 소개되는 수정산반들은 수정산반이 아니다. 그것은 산반이 외피를 형성하는 것보다 덜자라서 잎끝에 외피의 에나멜층이 비닐막처럼 보이는 것을 수정산반이라 하는데, 이는 진짜 수정산반이 아니며 일명 걸레산반이라 한다.

수정 산반에서 수정뿌리는 무늬의 형태에 따라 봉접수정, 묵조수정, 침관수정이라 하며 난잎 끝이 수정석의 각을 이루고, 산반의 고른 발달로 산반 사이에 녹선이 없어야 한다. 그리고 상인들이 수정이라 하여 올리는것도 수정이 아니라 중반의 형태로 나타나는 것인데, 서이기는 하지만 색이 없는 기름성분에 해당하므로 색화를 피울 수도 없고 무늬에 들지도 않는다. 난을 처음 접하는 사람들이 난상인들의 말을 따라서 수정이 아닌 것을 수정이라 받아 들이면, 앞으로 난계의 큰 문제가 될 수 있다. 따라서 똑바로 알고 똑바로 가르쳐 주도록 하여야 한다.

8.5 서

서는 한자로 새벽 서(曙)자를 사용을 하는데, 새벽에 해가 뜨기 전 안개가 낀 상태를 서로 표현하는 것으로, 인터넷 상에는 난잎이 밝은 연녹색이면 서라 하는 경우가 많은데, 이는 잘못된 것이다. 녹 결여나, 녹 부족현상을 가진 난은 비록 밝은 연녹색을 나타냄에도 불구하고 색화를 볼 수 없기 때문에 서로 인정하지 말아야 한다. 난에 서가 있다는 것은 다른 말로 색화가 핀다는 것을 의미한다. 서는 감생이 물이라 표현할 수 있는데, 동해 물빛을 보고 청물이 끼인다 하는데 이는 물이 차고 맑아서 수심 깊숙히 육안으로 관측을 할수 있는 상태인 반면, 감생이 물은 청물에 우유를 태워서 혼탁하게 만든 것처럼 보인다. 따라서, 청물 외에 우유가 들어 있는 것처럼, 녹 외에 다른 색성이 안개처럼 보이는 것이 서이다.

녹색과 홍색을 섞어 두면 검정색으로 보인다. 진청후육의 먹란에서 홍화가 피었다는 이야기를 많이 들었을 것인데, 바로 그 먹란이 녹과 홍이 섞인 서를 갖고 있기 때문에 녹의 밝기로만 서를 표현하는 것은 잘못이다. 색화를 피워주는 것이 진정한 서이며, 따라서 서는 색이며 물이라 한다. 서는 녹 이외에 백이나 황 또는 다른 색성이 난 잎 속에 내재 되어 있는 것을 말하며, 서의 발현은 엽예로 가는 서가 있고, 꽃으로 가는 서가 있고, 엽예와 꽃으로 동시에 가는 "갖춘 난"도 있는데,

이는 서의 함유량과 서를 미는 힘의 차이에 따라 달라진다. 좋은 색화는 거의가 신아일 적에 소심처럼 맑은데, 신아가 붉은 색을 띄거나 자주빛 등 다른 색성을 가지고 있는 것은 서의 색이 아니라 보호색이다.

산채시 서의 난잎을 손의 감각으로 만져보면 무엇인가 부드러우면서 촉촉한 느낌을 준다. 그 이유는 녹과 서가 함께 내재되어 있기 때문이다. 서가 많은 난은 녹이 서에 가려서 부족한 광합성을 보충하기 위하여 빛을 받는 녹의 면적을 늘리려고 일반적인 난잎보다 더 길거나 더 넓게 자란다. 따라서 색화에는 긴 잎장을 가진 난이 많다.

서는 모래반의 엽예 발전품과 안개반의 색화 발현 서가 있는데, 중투, 서반, 호, 복륜, 호피반 등의 무늬들도 모두 서이다. 모든 난에는 서와 산반이 내재되어 있는데, 다만 서와 산반이 얼마나 많고 적은가의 차이가 있을 뿐이다. 난잎에 나타나는 서의 흔적이 모래반이냐 안개반이냐의 차이로 엽예 또는 화예로 발전하게 되는데, 안개반일 경우 색화를 기대하는 쪽이고 모래반일 경우에 엽예로 가는 품종이다.

난잎은 심층, 내층, 표피층이라는 3층구조를 이루고 있는데, 난잎은 표피층에 엽록소가 있어 광합성을 하고, 내층은 구조층을 이루고, 심층은 혈관과 뒷면에 기공을 가지고 있다. 서는 심층, 내층, 표피층에서 다 나타날 수 있는데, 서가 표피층에 있는 예로 호피반을 들 수 있으며, 호피반은 표층의 서와 녹이 서로를 밀어 내려는 작용으로 녹과 반의 경계가 뚜렷한 특징이 있다. 이러한 호피반은 엽예품으로는 좋으나, 좋은 꽃을 기대 하기는 어렵다. 왜냐하면 좋은 꽃을 기대하려면 심층과 내층에 서가 있어야 하기 때문이다. 서반은 내층의 서가 표피층의 녹에 가려서 흐릿하게 안개 같은 반의 흔적으로 나타나는 것을 말하며, 녹과 반의 경계가 뚜렷하지 않은 특징이 있다. 내층과 심층의 서가 녹과 어우러지면 난잎 전체에 안개같은 탁한 색을 보이는데, 서의 색에 따라 좋은 색화를 피운다.

모래반일 경우에는 배골을 중심으로 반성호를 잘 들여다 보면, 호의 양 가장자리 쪽으로 작고 가는 모래알갱이 같은 반을 뿌려 놓은 듯 한데, 이는 내층의 서가 표피층을 축으로 뚫고 올라온 흔적으로 이는 중투로 발전할 개체이다. 난잎 가장자리 쪽으로 모래반을 띄게 되면 복륜이 되고, 작은 반에 녹점반이 모여 있으면 사피가 되는데, 엽예로 발전할 개체들은 이렇게 모래반을 형성한다. 따라서 이런 예들을 잘 관찰하면 좋은 개체를 만날 수 있다.

서가 나타나는 형태로 볼 때, 서가 표피층에 있으면 화려한 엽예를 보이는 반면, 화려한 산반이 꽃에 약하듯이 화려한 엽예일수록 좋은 꽃은 기대하기 힘들다. 서의 함유량이 많아서 심층, 내층, 표피층까지 발현된 서를 "귀품 즉 갖춘 난"이라 한다.

홍은 수성이라 빛을 보아야 발색이 되고 황은 유성이라 꽃피우기 직전까지 화통을 하여야 발현이 된다. 화통을 처리하는 이유가 난이 가지고 있는 녹을 꽃에서 제거하기 위함으로 홍의 서가 난잎 선단부에 든 것을 꽃에 적용하면 화통 속 꽃봉우리가 포의를 살짝 벗어난 때에 빛을 주게 되면 홍의 발색이 시작되지만, 난잎 기부쪽에 홍의 서가 내제되었는 경우에는 녹부터 먼저 차게 되므로 좋은 꽃을 피우는 개체가 아니다. 황의 서가 잎끝 선단에 있을 경우에는 3일 황화라고 말하는데,

이는 뒤이어 녹이 밀고 올라오기 때문이다. 황색의 서가 기부에서 발현된 것은 꽃에서도 계속하여 황색의 서를 공급받기 때문에 좋은 황화가 핀다. 황화는 난 꽃 중에서도 아주 어렵고 귀한 개체인데, 진짜 황화는 꽃잎 뒷면에 금모래를 뿌려 둔 것 같은 금사가 있다. 난 잎에 함께 내재된 서의 색에 따라 난 잎의 색은 천차만별이다. 서를 식별하고 구별을 하려면, 약간의 노력이 필요하므로 하루 빨리 서를 읽어내고 찾아내는 밝은 눈을 훈련하여야 한다. 모래반은 안개반 보다 입자가 큰 것으로 서가 표층으로 올라와 연결이 되므로 나중에 중투나 호나 서호반 또는 호피반 등의 엽예로 발전한다. 안개반이라 하는 것은 서가 올라온 안개형상이라 난잎 표층위에 안개가 있는 듯, 가지고 있는 서의 색성이 안개처럼 보이는 것으로, 난속에서 우러나오는 듯한 색이 안개반의 서이다. 꽃나무 가지에 나타나는 서는 체내에 있는 서이고 팥밭을 지나가면서 벌겋다 하는 말은 우러나오는 안개반의 서이다. 서는 부맥과 거치 사이에 드는 수도 있고, 심맥과 부맥 사이에 들 수도 있으므로, 편호도 반성이면 중투가 되는 것이다. 발전하지 않는 호는 면도날로 자른듯하고 호가 면도날로 자른 호나 반성이냐에 따라 다르며 모래반은 반성이다. 복륜에 산반이 든 산반 복륜은 면도날로 자른 것처럼 매끈 하지가 않는데, 그래서 산반 복륜화가 피는 것이다. 난잎 끝에 홍서가 있는 것은 홍화가 되고 선단부가 아닌 중단부터 기부까지 황의 서가 든 것은 중투형태로 황복색 중투가 된다.

반성이란 심층과 내층에 나타나는 서가 표면의 녹과 어우러져 안개 모양으로 나타나는 형태를 말한다. 물론 산반성이 강하여 어우러지기도 한다. 이러한 반성이 선의 형태로 나타난 것이 반성호이고, 면의 형태로 나타나면 반성이다. 반성호는 서가 안개나 모래반으로 내층을 뚫고 올라온 반의 무늬이다. 반성호는 심층의 서가 축입을 겸하여 나타나기 때문에 중투나 산반중투로 발전한다. 따라서 2~5대 후의 신아가 중투로 발전할 것을 기대한다.

그럼 호는 어떻게 나타날까? 호는 난잎 표면층에서 나타난다. 표층에 나타나는 호는 무늬의 아름다운 예만 있고, 꽃은 기대하기 힘들다. 복륜은 호의 형태이고 축입복륜은 심층과 내피층에 서가 내재되어 있어서 경계가 흐리고, 산반처럼 어우러져 보여서 서가 발현되는 형태이다. 그래서 축입복륜에서 좋은 꽃을 기대하는 것이다. 표면층의 복륜은 칼로 자른듯이, 선을 그은 듯이 매끈하게 보이는 것이 특징이다. 호와 반성호는 표층, 심층, 내층의 발현되는 장소에 따라 구별된다.

발호(또는 봉호)는 다음 대에 호가 안나올 수도 있고, 대를 거듭하면서 호가 안나올 수도 있다. 그래서 발호(또는 봉호)는 엽예 기대품이 될 수 없다. 발호(봉호)는 표층의 서로 발생되는 경우가 많아 다음대에 불규칙적이지만, 산반호는 심층과 내층의 서에 의한 근본적인 현상으로 유전적으로 더욱 안정적이다. 중반과 반성호는 서(曙)로 인해서 나타는 현상으로 심층, 내층, 표피층까지 서가 관여하는 유전적 특징이다.

미백의 서와 황색의 서는 지용성으로 물과 분리가 되어 중투나 복륜 등 엽예의 무늬반으로 형성이 되고, 홍이 약할수록 황색 무늬반으로, 홍이 많을 수록 백의 형태 백중투, 백복륜으로 나타나는데, 유백색으로 나타날 경우는 홍의 색이 부족하다 할수 있으며, 설백의 경우 홍개체의 꽃을 달 확률도 있다. 황중투에서는 황중투화를 피우고 황복륜에서 황복륜화를 볼수 있지만, 중투 복색화를 피우는 난잎에서 홍중투, 홍복륜, 자중투, 자복륜이 있을 수 없는 이유가 홍서는 녹과 공존하는 수용성이므로 녹과 섞여 중투나 복륜으로 보이질 않는다. 하지만, 서의 공부를 제대로 익히고 숨겨진 색을 보는 눈을 수련하면, 감춰진 중투형태의 색이나 복륜의 색을 알 수가 있다. 이렇듯 난초에 있어서 가장 중요한 부분은 서와 산반의 이해이다. 서는 이론만으로 절대 터득하기 힘든 부분이므로 반드시 현장 학습을 통하여 체계적으로 터특하여야 한다.

9 발현과 발색

서는 발현과 발색으로 내재된 색을 나타낸다. 하지만, 화맥에 색이 들어서 화맥 간으로 색이 번지는 경우는 날아가는 색화이거나 개자화이다. 즉, 꽃의 화맥에서 번진 색은 좋은 꽃이 아니므로, 꽃을 볼 때 항상 유의하여야 한다.

발현과 발색은 분명하게 다르다. 발현이라 함은 내재되거나 숨은 것을 찾아 나타내는 것이 발현이고, 발색이라 함은 어떤 작용에 의하여 색이 만들어지는 것을 발색이라 한다. 어두운 곳에서 녹이 형성되지 못하도록 억제시키면 내재되어 있던 황의 색상이 발현되는 것이 황화이다. 홍화의 경우는 낮은 온도에서 녹의 생성을 저해하는 한편 햇빛으로 홍의 색상을 만들어내면서 발색시키는 것이다. 따라서 고운 홍화의 발색은 녹이 생성되지 않는 낮은 온도에서 오전 햇빛으로 발색을 시켜야 한다. 색화 발색이란 꽃잎에 나타날 수 있는 엽록소를 억제하거나 분해하여 색소를 보다 더 선명하게 유도하는 과정이다.

색화는 화맥과 화맥 사이 즉, 화맥 간에 색이 번져들어야 한다. 화맥 간의 색이 바로 난이 가지고 있는 서의 색이다. 꽃잎에서 보이는 색은 서의 색과 꽃잎 속에 만들어지는 기포가 어우러져 고운 색으로 나타나는 것이다. 참고로, 만개하지 못한 봉우리나 미개화 난꽃 사진을 잘 살펴보면 색화의 화맥은 색이 들지 않고 화맥 간(間)에 색이 발현, 발색이 되면서, 꽃잎 성장 압력에 의해 서가 화맥으로 밀고 들어가면서 화맥에도 색화와 같은 색이 스며 들어 온전한 색화의 조건을 갖추게 되는 것이다. 이것으로부터 화맥이 색을 공급하는 곳이 아니라는 사실을 알 수 있다. 화맥의 화근은 보호색의 일종으로 화맥 간에 색이 번지더라도, 꽃의 성장 압력이나 기포의 발달로 화판속에 압력이 늘어나면 도로 화맥으로 밀려들기 때문에 날아가는 색이라고들 한다. 꽃잎 주부판에는 5~7개의 굵은 화맥이 있는데, 꽃판 기부에서 보호색이 화맥을 타고 선으로 시작되며 화맥 간으로 색이 번진 것은 화근이라 하고, 화맥간으로 색이 번지지 아니하고 꽃잎장 전체에 화맥으로 타고 들어가 선이 드는 것은 화선이라 한다.

MEMO

두화

제5부 난초의 이해

CONTENTS

1 춘란의 성장 원리

난초의 조상은 본래 CAM 계통의 광합성을 하는 식물군이었는데, 진화과정을 거치면서 암반이나 나무줄기에 부착한 부생란들은 CAM 계통의 광합성을 더욱 발전시켰고, 지상부에 정착한 지생란들은 C3 계통으로 진화하였다 (출처: H. Motomura 등, J. Plant Res. Vol. 121, pp.163~177, 2008). 식물은 빛의 강도가 높으면 증산작용에 의한 수분 손실을 줄이기 위하여 기공을 닫아서 기공을 통한 이산화탄소의 공급도 줄어드는데, C3 광합성은 이산화탄소가 부족하면 광호흡이 일어나 광합성 효율이 저하되는 특징이 있다. 따라서, 한국춘란은 직사광선보다는 반음지에서 광합성을 하여야 기공이 닫히지 않아 이산화탄소가 제대로 공급되어 광호흡에 의한 광합성 효율 저하를 피할 수 있다.

춘란은 뿌리에서 물을 가져와서 수소와 산소로 분리하고, 수소는 이산화탄소와 결합하여 광합성을 하게 되며 필요없는 산소는 배출하게 된다. 광합성에서 광보상점과 광포화점은 빛의 밝기와 온도에 따라 크게 영향을 받는데, 광보상점에서는 영양을 만드는 양과 소모하는 양이 서로 동일하다. 다시 말하면 적자도 이익도 아니다. 광포화점이란 소모되는 양보다 생산하는 양이 더 많은데, 빛의 세기나 온도가 증가하여도 더 이상 생산하는 양이 늘어나지 못하는 점을 광포화점이라 한다. 춘란은 반음지 식물이다. 바꿔 말하면 반양지 식물인데, 반양지 식물이란 반그늘에서 밝게 키우라는 것이지, 사시사철 태양의 직사광선에 직접 노출시키라는 것은 아니다. 가급적 난을 밝게 키우라는 말이지만, 생산성 증대를 위해 너무 강한 빛에 노출시키면 난잎을 태우거나 일소에 의한 탈색 현상을 보이거나 탈수 현상을 일으킬 수 있다.

탄소동화작용은 낮에 광합성을 하는 동안 이산화탄소가 난잎 속에서 수소를 만나게 되면 난잎은 흥분해서 들뜬 상태가 되어 부피가 커진다. 옛날에 널리 사용된 건조한 배양방식에서 물주기를 할때 며칠에 한번 물을 주고나면 난이 싱그럽게 기운차 보인다는 말은, 뿌리로부터 물을 가져간 난잎이 광합성을 통하여 물로부터 수소를 분리하고 이산화탄소를 흡착하여 흥분 들뜬 상태가 되어 부피 팽창으로 인해 그렇게 보이는 것이다. 광합성을 하지 않는 야간에는 뿌리가 물을 공급하지 않을 뿐만 아니라 광합성을 할 수없는 밝기와 온도 등으로 흥분 들뜬 상태가 안정된 상태로 되돌아와 난잎의 부피가 도로 줄어들어서 쓰다 남은 이산화탄소가 밀려나오는 것이지, 이산화탄소를 만들어 내보내는 것은 아니다. 따라서, 여름에 물주기를 야간에 하는 것은 잘못된 것이며, 왜 새벽잠을 설쳐가며 이른 새벽에 물주기 하는지 이해할 수 있다. 새벽에 물을 주면 날이 밝아오면서 뿌리로부터 물을 가져다, 바로 광합성을 수행할 수 있는 장점이 있다.

2 광합성

광합성은 녹색식물이 빛에너지를 이용하여 물과 이산화탄소로부터 탄수화물을 합성하는 일련의 과정으로, 매우 복잡한 과정을 거쳐서 일어난다. 광합성은 주로 녹색식물의 세포 속에 들어 있는 엽록체에서 일어나며, 뿌리로부터 올라온 물과 빛에너지를 이용하여 기공을 통하여 들어 온 이산화탄소를 고정하여 탄수화물을 합성하고, 산소를 방출한다. 합성된 탄수화물은 녹말의 형태로 변환되어 뿌리와 줄기, 잎 등에 저장된다. 에너지 면에서 볼 때 광합성은 태양 에너지를 유기물인 화학 에너지로 바꾸어서 저장하는 작용으로, 광합성으로 얻어진 유기물의 화학 에너지는 다양한 형태로 생활에 이용되며, 호흡에 의해 분해되어 생활 에너지로 사용된다. 광합성에 필요한 환경 요인은 빛과 이산화탄소, 그리고 온도이다. 광합성 속도는 빛의 세기가 셀수록 (광포화점까지), 대기 중 이산화탄소의 양이 많을수록 (0.1%까지), 온도가 높을수록 (40도 전후까지) 더 증가한다.

식물에서 광합성을 하는 주체인 엽록체는 녹색식물의 세포 안에 있으며, 2층의 막으로 구성되어 있다. 내막 안쪽에 틸라코이드라는 한 겹으로 된 주머니 모양의 막이 있고 그 막이 마치 차곡차곡 책갈피 모양으로 모인 것이 그라나이다. 그런 구조를 라멜라 구조라 한다. 그라나의 사이 공간에 여러 가지의 광합성 효소를 가진 스트로마라는 기질이 있다.

광합성은 명반응과 암반응으로 이루어져 있는데, 명반응은 광반응 또는 광의존적 반응이라고 하는 에너지 전환 단계이다. 명반응은 빛이 있어야 가능하며, 틸라코이드 내막에서 일어난다. 틸라코이드 내막에는 엽록소와 전자전달계가 있으며, 제2광계(최대흡수파장 680nm)와 제1광계(최대흡수파장 700nm)로 이루어져 있다. 명반응을 세분화하면 광분해와 광인산화반응으로 구분할 수 있다. 광분해는 엽록소에 흡수한 빛에너지가 물을 분해하는 과정으로, 전자(e−)와 수소(H+)를 만들고, 남은 산소(O_2)는 배출한다. 광인산화 반응은 엽록소가 흡수한 빛에너지를 화학에너지로 전환하여 ATP와 NADPH를 만드는 과정이다. 이 두 가지 물질은 모두 암반응에서 사용할 재료들이다. 광인산화 반응은 결국 암반응에서 사용할 물질을 만드는 예비 과정이다.

암반응은 그라나의 틸라코이드들을 감싸고 있는 스트로마에서 일어난다. 광 비의존적 반응으로 포도당을 합성하는 과정이다. 명반응과 달리 빛이 관여하지 않는 과정이며, 캘빈회로라고 한다. 명반응에서 만들어진 ATP와 NADPH를 이용하여 이산화탄소로부터 탄수화물이나 녹말을 포도당으로 환원하는 과정이다. 광합성의 속도는 일반적으로 빛의 강도가 증가하면 같이 증가하지만, 일정한 포화점(광포화점)에 오면 빛의 강도가 증가해도 더 이상 광합성 속도가 증가하지 않는데, 그 이유는 암반응의 처리 속도가 최대에 이르면 광이 증가하더라도 광합성량이 더 이상 증가하지 않기 때문이다. 이때에는 이산화탄소의 농도에 의하여 광합성의 속도가 결정된다. 암반응은 무수히 많은 효소들의 도움을 받아 일어나므로, 반응속도가 온도의 영향을 받는다.

3 잎과 벌브, 뿌리, 꽃의 구조적 특성

난은 잎과 벌브 그리고 뿌리로 이루어져 있다. 한국춘란의 잎은 촉당 3~7매의 잎이 나온다. 잎의 길이는 20~50cm이고, 폭은 0.5~1.5cm이다. 잎 끝이 뾰족하고 가장자리에 미세한 톱니 모양의 거치가 있다. 잎 가운데에는 엽맥이 있는데 특히 중앙 부분의 것이 제일 굵고 그 양쪽으로 각 1개씩 2개의 굵은 엽맥이 있어 잎을 세로로 4등분하고 있다. 가운데 가장 굵은 엽맥을 심맥이라 하고, 양엽의 굵은 엽맥을 부맥이라 한다. 처음 포엽에 덮여 있던 액아가 신아로 올라올 때에는 땅 속에서 신아를 보호하기 위하여 2~3장의 탁엽에 감싸여 올라오며, 비바람으로부터 난을 지지하기 위하여 탁엽 속에서 올라오는 첫 번째 잎을 초상엽(치마잎), 그 이후로 나오는 잎을 1엽, 2엽, 3엽, ... 이라 하며, 가장 나중에 나온 잎을 천엽이라 한다 (그림 4). 천엽은 현재까지 가장 최근에 나온 잎을 말하며, 성촉의 성장이 멈추어 더 이상이 새로운 잎이 나오지 않는 마지막 천엽을 지엽이라 한다. 또한 포엽은 벌브에 신아의 눈이 붙어 있을 때, 잠아를 보호하기 위한 2mm 내외의 매우 작은 잎을 말한다. 잎은 농록색으로 앞면에는 큐티클이라는 왁스층이 덮고 있어 광택이 나고, 잎의 뒷면에는 약20μm 정도로 미세한 크기의 동그란 기공들이 무수히 산재하여 있다.

난의 줄기 역할을 하는 벌브는 구근(球根)식물의 구경과 비슷하다 하여 식물학상으로는 가구경 또는 위구경이라 하기도 하고, 원예적으로는 그냥 벌브(bulb)라 부른다. 벌브 속에는 많은 유관속(維管束:관다발)

이 세로로 뻗어 있는데, 이 관다발을 통해 뿌리에서의 양분이나 수분을 잎으로 보내기도 하고, 또한 잎에서 만들어진 당류(糖類)와 식물 호르몬 등을 뿌리로 돌려 보내기도 한다. 벌브는 양분이나 수분의 저장고로 되어 있어서 난의 환경이 좋지 않게 되더라도 양분, 수분의 공급을 제법 오랜 기간 지탱시켜 주기에 난은 되도록 벌브가 많이 달린 대주일수록 배양하기 쉽다. 벌브는 잠아와 액아가 되는 눈을 가지고 있다. 액아는 장차 환경에 따라 잎이 되는 신아로 자라거나 꽃대가 되는 화아로 자란다. 난은 1차 성장을 하고 나면 2차 성장이 되지 않는 특징을 가지고 있어 상처가 났을 경우 새 조직이 형성이 되지 않으므로 배양시 각별히 신경을 써야 한다.

난의 뿌리는 실뿌리가 없고, 묵은 뿌리와 새뿌리가 같은 굵기로 구경의 마디에서 뻗어 있다. 뿌리의 직경은 2~4mm정도이다. 외관은 유백색(乳白色)의 해면질(海面質:해면 등의 섬유상 골격을 이루는 유기물질)로 되어 있다. 춘란의 뿌리는 내부와 외부에 크게 두 종류의 조직이 있는데, 내부에는 일반 식물의 뿌리와 같이 물과 영양을 이동하는 통로로써 직경 0.5mm내외의 심근이 있고, 외부에는 영양과 물을 저장하는 외부 조직이 두툼하게 심근을 둘러싸고 있다. 뿌리 끝에 생장점이 있고, 생장점은 골무에 쌓여 보호되고 있다. 생장점 바로 위에 뿌리의 외피세포가 변한 근모들이 있어 자생지에서 유기영양을 분해하여 흡수하는 역할을 한다. 춘란을 기른다는 것은 곧 뿌리를 기른다는 것을 의미한다. 난의 뿌리는 호기성(好氣性)으로 특히 산소를 필요로 하기 때문에 통기성이 좋아야 한다. 자생지에서 일반적인 난의 뿌리는 지표면을 따라 넓게 퍼지는 경향이 있다. 하지만, 땅속으로 깊이 박힌 뿌리도 있는데 목근과 죽근이 바로 그것이다.

목근이라 함은 뿌리가 목질처럼 단단하게 되어 있으며 그 기능은 지하부로 내려 뻗어 난을 고정시키는 역할을 수행하는 뿌리이다. 다시 말하자면 자생지 산에서 빗물이 잘 흐르는 곳이나 경사지를 이루고 있는 곳에서 춘란 전체가 유실되는 것을 방지하기 위해 난 뿌리 중심에 말뚝 역할을 할 수 있도록 곧게 내려 뻗은 뿌리이다. 목근은 다른 뿌리보다 성장속도가 현저히 느려서 일액현상에 의해 탄화가 되기도 한다. 혹자는 목근을 제거하면 난초 자람이 더디고 번식에 불리하다는 이도 있는데, 그 이유는 물주기를 하면서 뿌리가 고정되지 않으면 뿌리가 흔들리면서 근모(뿌리털)가 떨어지게 되고 영양공급을 제대로 받을 수가 없어 난이 제대로 자라지 못하기 때문이다. 목근의 역활은 뿌리가 약한 난의 흔들림을 방지하는 고정용 뿌리의 역할을 한다. 하지만 자라는 속도가 너무 더디기 때문에 목근을 믿어서는 안되고, 난분에 심을시 뿌리가 없거나 한두가닥일 적에는 반드시 알미늄 철사로 가뿌리를 만들어 뿌리나 벌브의 흔들림을 방지해 줘야 한다. 자생지에서는 흙에다 고정뿌리를 내리게 되지만 난분에서는 난석의 공극이 있어서 목근의 역할을 제대로 수행할 수가 없으므로 난분에 심을시 거추장스러운 일이 생기면 절단하여 버려도 상관없다. 어떤 이들은 목근을 탄화뿌리로 오인하여 목근을 떼어 내게 되면 번식이나 성장에 장애가 생기는 것처럼 말을 하지만, 난석에서는 별 소용이 없다.

죽근(지하경)이 생기는 원인과 현상은 다음과 같다. 생강근이 주변의 흘러내리는 흙이나 부엽에 의하여 깊이 묻히면, 지상부가 멀어 난 잎이 나오다 한해 쉬고 죽근을 한마디 만들어 그 마디에서 영양분을 축적한 후, 다시 지상부를 향해 자라다 또 한 해 쉬고 죽근을 한 마디 만들어 그 마디에서 영양을 축적하는 과정을 반복하다가, 지상부가 가까워져 신아를 올린 경우, 이것을 죽근 즉 지하경이라고 한다. 죽근은 죽근 마디 하나가 벌브 하나라고 이해하면 된다. 그러므로 죽근이 두 마디라면 두 촉이 먹고 살아야 할 영양을 한 촉이 독점적으로 공급받으므로 영양이 아주 좋아져서 죽근을 가진 신아 촉은 후육지고 입변처럼 보인다. 지하경으로 형성되어 올라온 난은 특이하게도 잎이 후육으로 플라스틱과 같이 딱딱한 경우가 대부분이고, 길이도 짧으며 심지어 완벽한 환엽의 형태를 하고 있는 것도 흔히 있다. 그러나, 지하경으로 된 입변 또는 환엽처럼 보이는 개체는 몇 년이 경과된 후에 본래의 민춘란 모습으로 되돌아오게 되므로, 죽근(지하경)에 속지 않도록 하여야 한다.

난은 여름에 화아분화를 해서 가을과 겨울 동안 꽃대를 올리고 초봄에 꽃을 피운다. 한국춘란은 일반난초와 마찬가지로 6장의 꽃잎을 갖고 있다. 바깥쪽 3장이 외판(外瓣)이고, 안쪽에는 2장의 봉심(捧心(內瓣))과 혀(舌)라 불리는 1장의 순판(脣瓣)으로 되어 있다. 외판의 윗쪽을 주판(主瓣)이라 하고 주판 밑의 양쪽 2장을 부판(副瓣)이라 한다 (그림 21). 꽃색의 좋고 나쁨은 외판의 색에 따라 판단된다. 봉심의 색과 형태는 외판에 가까운데, 순판은 특수한 형태를 취하고 있어 혀와 같은 모양으로 살이 두텁고 색도 많이 달라진다. 앞으로 드리워진 부분을 혀, 안쪽의 꽃기둥을 둘러싸고 있는 부분을 볼이라고 부른다. 볼속까지 반점

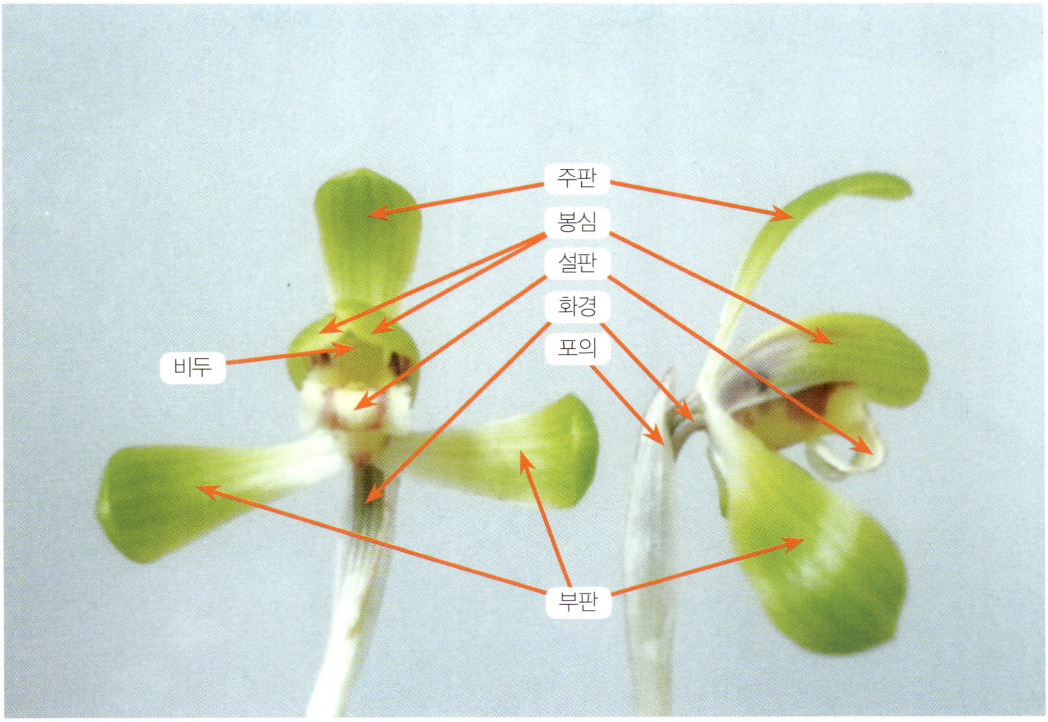

그림 21 꽃의 부위 별 명칭

이 없는 것을 우수한 꽃으로 여긴다. 꽃의 줄기는 포의(苞衣)로 둘러 싸여 있는데, 꽃줄기는 길이 약10~30cm로 길게 뻗어나며 단단한 편이다. 외판 꽃잎의 길이는 3~4cm정도이고 폭은 0.5~1.5cm인데 봉심은 외판보다 길이가 약간 짧다. 한국춘란은 대부분 봉심이 단정하여 꽃자태가 단아한 특징을 갖고 있다.

4 잎과 벌브, 뿌리의 영양 및 물질 대사

4.1 뿌리가 하는 일

춘란의 뿌리는 중심주, 내피, 피층(Cortex), 외피, 근피층(벨라민층), 표피, 근모로 이루어져 있다. 흔히 말하는 심근은 중심주(물관부와 체관부)와 그 것을 감싸는 내피를 말한다. 심근은 섬유질로만 이루어진 매우 질긴 부분으로 뿌리의 끊김을 막는 역할을 하며, 중심주에 물과 양분을 운반하는 물관과 체관을 갖고 있다.

뿌리 단면의 대부분을 차지하는 심근 바깥의 뿌리 영역은 피층(Cortex, 물과 영양 저장)과 그 것을 감싸는 외피로 이루어져 있으며, 뿌리를 보호하기 위하여 다시 목질화된 세포로 이루어진 근피층(벨라민층)과 표피로 둘러쌓여 있다. 근모(뿌리털)는 호르몬을 분비하여 영양 물질을 분해하여 직접 흡수한다. 바깥의 뿌리 영역의 대부분을 차지하는 피층(Cortex)은 물저장층으로 알려져 있으며, 그 피층의 세포 내에 전분을 저장하고, 그 세포들의 세포막 사이에 물을 저장한다. 뿌리가 햇볕을 받으면 피층 세포들은 엽록체를 가지고 있어서 뿌리에 녹이 차 색이 변하게 된다.

피층을 둘러 싸고 있는 부분은 고도의 정수기능을 갖고 있어서 웬만한 영양을 주어도 피층으로 흡수가 되질 않는다. 그런데 고농도의 영양을 하면 난이 말라 죽는 이유가 고농도의 영양에 의해 역삼투압 현상이 발생하여 피층이 가지고 있는 수분이 외부로 도로 빠져 나가기 때문이다. 외부에서 난뿌리의 피층 세포로 물이 흡수만 되고 외부로 배출되는 것을 막기 위하여 피층을 감싸는 부분이 체크 밸브의 성질(한쪽방향으로 이동)을 가지고 있으므로 한번 피층으로 들어간 물은 다시 외부로 빠져 나오지 않는데, 난뿌리에 역삼투압 현상이 나타나 물을 외부로 빼앗기게 되면 체크 밸브의 기능이 망실되어 뿌리가 가지고 있는 물저장 기능을 상실하게 되어 나중에는 빈쭉정이의 뿌리가 남게 되는 것이다.

뿌리가 하는 일은, 첫 번째, 넘어지지 않게 하려는 지지 역할이고, 두 번째, 물과 영양을 흡수하여 공급하는 일이고, 세 번째, 산소를 받아 들이는 일이고, 네 번째, 성장인데 난뿌리의 끝부분에 뿌리 생장점이 있다.

4.2 벌브가 하는 일

난의 줄기로 구근모양으로 둥글게 생겼다하여 가구경 또는 위구경이라고도 부른다. 영양 저장고이며 잠아와 액아가 되는 눈을 가지고 있다. 영양을 만든 후에 뿌리와 벌브에 저장하는데, 벌브는 7~12개 정도의 잠아를 가지고 있다. 이 잠아는 호르몬 변이에 의해 신아가 되거나 화아가 되기도 한다. 벌브는 줄기와 뿌리의 피층처럼 일시적으로 전분립을 저장하는 조직과 저장기능이 특수화된 조직이 있다. 난초는 잎과 뿌리에 일시적으로 전분립을 저장하지만, 대부분 벌브의 유관조직에 저장을 한다. 저장물질로는 전분이 대다수이며, 다소의 단백질과

지질도 있는 것으로 알려져 있다. 또한 벌브가 별도로 분리 되었을 때는 벌브 틔우기를 하여 새로운 신아를 받아 종족보전을 이어갈 수도 있다. 뿌리에서 흡수된 물이나 영양을 저장하였다가 잎으로 보내는 역할과 뿌리내림, 난의 잠아, 화아 및 유전형질 등이 있는 곳으로 난의 번식에서 매우 중요한 위치에 있다.

4.3 잎이 하는 일

난뿌리가 흡수한 물이나 영양은 벌브를 통하여 난잎으로 오는데, 잎에는 관다발이라 하여 엽심과 엽맥이 있다. 엽심은 주맥이고, 엽맥은 부맥인데 맥은 평행맥을 이루고 있다. 맥이 끝나는 부분은 맥단이라고 한다. 그리고 잎 가장자리에 톱니처럼 보이는 부분을 거치라고 한다. 잎을 가로로 3등분하면 잎끝부분을 선단부, 가운데를 중단부, 벌브 쪽을 기부라고 하고, 기부에 벌브가 연결되어 있다. 난잎은 표층, 내피층, 심층(혈관층)의 3층구조로 되어 있고 층마다 하는 일이 다르다. 첫째, 표피층은 엽록소, 엽록체가 들어 있어서 광합성을 하고, 둘째, 내피층은 책상구조층이라 하여 구조층과 해면조직, 엽맥 등으로 이루어져서 물과 영양을 전달하고, 셋째, 심층은 혈관층이라고 하는데 뒷면에 기공을 가지고 있다. 난잎의 앞뒷면의 기공을 통하여 주간의 광합성 작용시 증산작용으로 수분과 산소가 배출되고, 햇빛에 의한 온도상승과 물의 압력에 의해서 부피가 팽창되어 벌어진 틈새의 공간으로 이산화탄소가 흡착되고, 흡착된 이산화탄소는 공변세포와 엽록체간의 빈 공간을 통하여 이동되며, 주간에 뿌리에서 흡수된 물을 분해하여 얻은 수소는 이산화탄소와 함께 영양물질인 녹말을 만드는데 사용되고, 남은 이산화탄소나 물 분해로 발생된 산소는 야간의 온도저하에 따른 부피 수축으로 산소가 기공을 통하여 배출된다. 난잎이 하는 일은 주간에 광합성을 통하여 이산화탄소를 흡수하고, 무기영양을 포도당으로 변화시켜 저장을 하거나 성장에 사용하고, 야간에 동화작용을 하면서 성장하고 잠을 잔다.

5 춘란의 현미경적 구조

잎의 현미경적 구조에 대해 알아보기로 한다. 모든 식물이 그렇듯이 난의 잎도 표피, 엽육, 엽맥의 세 구조로 이루어져 있다. 표피는 잎의 가장 바깥쪽에 있는 한 겹의 세포층으로 엽록체는 없고 기공이 있다. 잎의 전면 가장 바깥쪽은 큐티클이라는 왁스층으로 이루어져, 외부로 부터의 물리적 상처나 세균으로 부터 잎을 보호하고, 수분의 과도한 증산을 막는 역할을 한다. 공변세포는 표피 세포가 변한 것으로 반달모양이며 두개가 모여 기공을 이룬다. 공변세포는 다른 표피 세포와는 달리 엽록체가 있어 광합성을 한다. 기공은 두 개의 공변세포로 싸인 작은 구멍으로 공기와 수증기가 드나들며 잎 뒷면에 주로 있다. 쌍을 이룬 공변세포가 기공을 만들어, 증산작용과 이산화탄소 흡착작용에 관여한다. 엽육(葉肉)은 책상조직과 해면조직으로 이루어져 있으며,

이들은 엽록체를 가지고 있어 전면의 표피에서 받아들인 빛을 이용하여 광합성을 하는 조직들이다. 책상조직은 표피 아래쪽 조직으로 엽록체가 많아 광합성이 가장 활발하게 일어난다. 해면조직은 책상조직 아래쪽에 세포들이 엉성하게 모여 있는 곳으로 광합성은 책상조직보다 덜 활발하다. 엽맥(葉脈)은 줄기의 관다발이 잎으로 연결된 것으로, 물관과 체관이 있는 물질의 이동통로이다. 잎의 중심부에 위치한 엽맥을 배골, 심맥 또는 중늑(中肋)이라하고 바깥에 있는 것을 부맥이라고 한다. 굵은 엽맥사이에 가는 엽맥이 분포하며 엽맥이 잎의 골격을 유지하고, 유기영양과 무기물의 통로 역할을 한다.

뿌리를 옆으로 절단하여 횡단면을 관찰해 보면, 다음과 같은 구조로 이루어져 있다. 가장 중심부에는 중심주가 있는데 물관과 체관을 가지고 있어 물과 영양의 이동통로가 된다. 내피가 중심주를 감싸고 있으며, 중심주와 내피를 심근이라 한다. 내피는 심근 외부에 저장된 물과 영양이 중심주 내부로 이동하는 관문의 역할을 맡고 있다. 심근은 직경 0.5mm 내외로 가늘지만, 매우 질기고 튼튼하다. 뿌리의 외부조직을 긁어내면 심근만 남는다. 피층(Cortex)이 심근을 둘러 싸고 있으며, 뿌리의 대부분을 형성하고 있는 조직이다. 난의 뿌리가 굵게 보이는 것은 피층 조직 때문이다. 피층은 피층 세포 안에 녹말을 작은 낟알 형태의 알갱이로 저장하고 있으며, 세포막 사이의 빈 공간에 수분을 저장한다. 외피는 피층을 감싸고 있으며, 뿌리에서 흡수한 물과 영양분이 뿌리로 들어오는 것을 관할한다. 근피층이라 하는 벨라민층이 외피 이하의 뿌리를 보호하고 있으며, 벨라민층은 죽은 세포가 목질화된 것으로 질기고 튼튼하여 외부 충격으로부터 뿌리를 보호하는 역할을 한다. 표피는 뿌리의 가장 바깥 쪽 세포층이다. 근모는 약하여 쉽게 떨어져 나가고 뿌리가 성장되면서 다시 만들어지는데, 뿌리 끝 생장점의 약간 위쪽 부분에 주로 분포되어 있다. 근모는 자생지의 유기영양을 분해하여 흡수하는 기능을 가지고 있다. 뿌리의 가장 끝에는 생장점이 있어 뿌리의 길이 생장을 담당하며, 생장점 끝에는 뿌리 골무가 있어 생장점을 보호한다. 뿌리의 표면에는 가장 외부조직인 표피 세포가 길이방향으로 길쭉길쭉하게 배열되어 있으며, 직경 20 크기의 기공이 그 사이에 조밀하게 분포되어 있다.

벌브는 각 뿌리와 각 잎의 심맥과 부맥을 연결하는 관다발이 한 곳에 모두 모인 곳으로 뿌리의 피층 조직과 마찬가지로 녹말을 낱알 형태의 알갱이로 저장하고, 신아나 화아로 자라날 잠아 즉 눈을 가지고 있다.

6 영양번식과 종자번식

춘란의 번식은 영양번식과 종자번식이 있다. 영양번식이란 기존 촉에 새로운 신아가 출아하여 번식하는 것이며, 종자번식이란 꽃이 수정되어 씨앗의 발아로 번식되는 것을 말한다. 실생종이란 씨앗으로 인공발아시켜 배양한 것을 말하는 것이며, 배양종이란 조직을 떼어내 배양하는 것을 말한다. 파생종이란 변이를 말하는데 실생배양이나 조직배양과 상관이 없다. 예를 들면 중국춘란 중에 녹운이라는 품종이 있는데, 녹운에서 중투가 나왔으니 녹운중투는 파생종이며, 또 녹운에서 복륜이 나왔으니 녹운 복륜도 파생종이 되는 것이다. 파생종이란 모주와 다른 형질을 가지고 나타나는 일종의 변이의 성질을 가진 것을 말한다. 실생종이란 꽃의 수정을 통하여 암술과 수술의 유전자가 합쳐지므로 기존 모주와 동일한 유전 형질을 가질 수 없지만, 배양종은 모주의 조직을 배양한 것으로 모주와 완전히 동일한 유전형질을 가지게 되므로 동일한 개체의 번식이라 할 수 있다.

실생배양은 춘란의 꽃을 수정하여 씨방이 형성되게 한 후 씨방이 성숙하게 되면 그 포자를 채취하여 난균의 도움을 받아 생강근을 형성한 후 그 생강근에서 신아를 발아 번식시키는 방식이다. 실생배양은 자연의 원리를 인간이 대량으로 그리고 비교적 빠른 시간내에 번식 재배하기 위하여 사용하는 방법으로 동일 개체가 많이 생성 될 수 있는 장점이 있다. 사실 이 방식은 생강근이 달린 춘란을 산채하여 생강을 별도로 분리하여 생강근을 틔우는 방식과 차이는 없다. 다만 차이는 생강근 틔우기는 우량종자가 스스로 번식되고 환경 적응성이 높은 반면 실생배양은 동일 개체(유사개체)의 수량이 많고 무균상태에서 재배하게 되어 환경 적응성이 낮아 배양에 어려움이 많다는 점 이외에 두 방법에 의한 개체는 희귀성 측면을 떠난다면 유사하다고 볼 수 있으며, 비교적 동등하게 취급되는 것이 올바른 것이다.

조직배양은 춘란의 신아가 올라올 무렵 신아의 조직을 채취하여 절편하고 이를 무균상태의 플라스크에서 인위적인 영양분을 공급하여 동일한 유전자를 가진 개체를 무한 번식시키는 방식이며, 일반적으로 많이 이용되는 방식이다. 동양란보다는 화려한 서양란에서 많이 이루어지는 방식이다. 이렇게 하여 태어난 춘란이 두 세촉이 되면 순화과정을 거쳐 시장에 나오게 되는데, 만일 충분한 순화가 이루어지지 않은 상태로 시장에 출하되어 애란인 손에 들어가게 되었을 경우, 조직배양의 특성을 이해하지 못하는 애란인이 재배하면 쉽게 고사하는 경우가 종종 있다. 다른 개체간 조직배양은 다른 품종간에 우성인자를 결합한 진정한 의미의 조직배양이다. 실생배양품이나 조직배양품이나 간에 오랜 기간을 무균 배양액 속에서 외부의 병충해없이 연약한 상태로 자랐기 때문에, 개체의 성장도에 따라 배양병에서 꺼내어 자연에서의 순화 기간을 거쳐야 하는데, 일부 업자들은 경제적인 이유로 짧은 기간만 순화를 시켜 유통시키는 경우가 있으며 그런 개체는 무탈하게 잘 키워내기가 쉽지 않다.

반면에 산채품이라는 것은 춘란의 꽃이 수정되어 꼬투리(씨방)가 맺힌 후 익어서 씨가 날려 땅에 묻힌 후 난균과 결합하여 라이좀이 형성되면 지상으로 생강근이 올라와 생강근에서 신아가 발생한다. 그러니 자연생 난은 아주 오랜세월에 거쳐 신아가 나와 유묘가 되며 개화주가 되려면 발아조건에 따라 다년간에 걸쳐 자연 상태에서 자란 것이므로 비교적 잘 자란다는 장점이 있으나 단점은 그 개체의 특성이 고정된 것인지 특징이 사라질 것인지의 여부를 오랜 기간 관찰하여야 한다는 것이다. 따라서 산채품으로 가격이 저렴한 것은 일단 개체의 특성이 고정되지 않는 것을 의심하여야 하며 대부분의 경우에는 고정되지 않는 단발성 특성일 경우가 비일비재하여 산채품을 구입한 사람이 실망하게 되는 경우가 많다. 난에 입문한지 오래되지 않은 초보자들의 경우에, 배양종은 개체의 특성이 확실히 유지된 품종이라는 점에서 장점이 있지만, 순화기간이 짧은 것을 구입하게 되면 가격은 저렴하나 무사히 키우기가 어려운 단점이 있고, 산채품은 저항력이 강해서 키우기 쉬운 장점이 있지만, 개체의 특성이 고정되기 쉽지 않은 단점이 있다는 것을 염두에 두어야 한다. 배양종이 보급된다면 비싸고 귀한 명품난에 조금 더 쉽게 접근할 수 있을 것이다.

7 발색

선천성은 형태나 무늬, 색 등을 가지고 태어나는 것을 말하고, 후천성은 자라면서 갖추어지는 것을 말한다. 후천성에는 당대에 없다가 후대에 나타나기도 하는 불완전 키메라도 있다.

선발 홍화나 후발 홍화나 둘 다 선천성 홍화이다. 선발 홍화란 화통 속에서 빛이 없어도 발색이 되는 개체를 말하고, 후발 홍화란 화통에서 녹 생성을 저해하고 있다가 햇빛에 의하여 발색되는 개체를 말한다. 일반적으로 홍화는 12월말이나 1월초에 화통을 제거하지만, 선발 홍화는 황화나 주금화처럼 거의 개화 직전까지 화통을 해두어야 빛에 의한 녹 생성을 저해함으로 더 맑고 고운 화색의 홍화를 볼 수가 있다. 후발 홍화는 온도가 높으면 녹을 생성하여 홍색이 약화될 뿐만 아니라, 빛이 없으면 광합성을 수행하기 위하여 녹을 생성하여 홍색이 약화되는 반면 빛이 너무 강하면 홍색이 탈색된다. 즉, 온도가 높아서는 안되고, 빛은 너무 약하거나 강해도 안된다. 후발 홍화는 온도가 6도 이하일 때 오전 시간대에 화통을 벗겨 빛을 주다가 온도가 오르기 전 오후 햇빛이 되기 전에 화통을 또다시 하고 이러한 방법을 2월 중순까지 매일 온도와 빛이 적절한 시기에 되풀이 하다가 2월중순쯤에서 화통을 제거해야 밝고 고운 홍화를 볼 수가 있다. 선발 홍화는 카로틴계의 색성의 서를 가지고 있고 후발 홍화는 안토시안계의 서를 가지고 있기 때문이다.

급발성은 무늬나 색을 가지고 자라는 경우이고, 후발성은 차광만으로는 발색되지 않고 채광을 하여야만 발색이 되는 개체를 말한다. 선발성은 차광이나 채광이 없더라도 발색이 되는데, 이런 경우에도 녹과 색이 혼탁해지지 않도록 차광을 하면 더 좋은 색의 꽃을 볼 수 있다.

후암성은 무늬나 색을 가지고 태어났다가 자라면서 그 예가 사라지는 것을 말한다. 소멸성은 후암성과 현상적으로는 비슷하지만 의미는 다른데, 후암성은 대를 거듭할 수록 예가 사라지는 반면, 소멸성은 예가 없어지는 것이 아니라 예가 녹에 가려지는 것이다. 즉, 소멸성은 소멸성이라 하지 말고, 녹가림이라 부르는 것이 타당하다.

홍화

부록
신 배양법 적용 사례

"청산에 우리난초"의 신 배양법처럼 매일 물을 주라 하면, 저마다 지역과 배양 환경이 달라서 각자 적합한 배양방법을 사용하여야 한다는 말을 자주 듣게 된다. 이는 신 배양법을 제대로 이해하지 못했기 때문이다. "청산에 우리난초" 회원들은 제주도에서 서울까지 전국의 지역적 차이나 아파트부터 개인주택까지 주거의 차이에 상관없이, 난실의 방위와 같은 여러 가지 배양 환경의 차이에도 불구하고, 수년간 청산에 신 배양법으로 튼실한 뿌리를 가진 건강한 난초들을 배양하고 있다. 본 부록에서는 "청산에 우리난초" 회원들의 배양사례들을 묶어 보았다. 사례 중에서 기간은 각 회원의 난력이 아니라, 청산에 배양방식의 매일 물주기를 실시한 기간을 의미한다.

배양조건	난실	난분	뿌리
지역 : 제주 위치 : 아파트 층수 : 1층 방위 : 남향 기간 : 4년 회원 : 청산에			
지역 : 김해 위치 : 주택 층수 : 7층 방위 : 동향 기간 : 4년 회원 : 만공			
지역 : 부산 위치 : 아파트 층수 : 8층 방위 : 남향 기간 : 3년 회원 : 금영			

배양조건	난실	난분	뿌리
지역 : 부산 위치 : 아파트 층수 : 1층 방위 : 남동향 기간 : 3년 회원 : 벽원			
지역 : 부산 위치 : 아파트 층수 : 16층 방위 : 남동향 기간 : 4년 회원 : 보덕			
지역 : 부산 위치 : 아파트 층수 : 13층 방위 : 남동향 기간 : 2년 회원 : 월평			

배양조건	난실	난분	뿌리
지역 : 부산 위치 : 주택 층수 : 1층 방위 : 동향 기간 : 3년 회원 : 난사랑			
지역 : 진주 위치 : 아파트 층수 : 1층 방위 : 동향 기간 : 3년 회원 : 청호			
지역 : 광주 위치 : 아파트 층수 : 5층 방위 : 남향 기간 : 2년 회원 : 천공			

배양조건	난실	난분	뿌리
지역 : 광주 위치 : 사무실 층수 : 1층 방위 : 남향 기간 : 1년 회원 : 김짱			
지역 : 광주 위치 : 아파트 층수 : 2층 방위 : 남향 기간 : 1년 회원 : 새벽안개			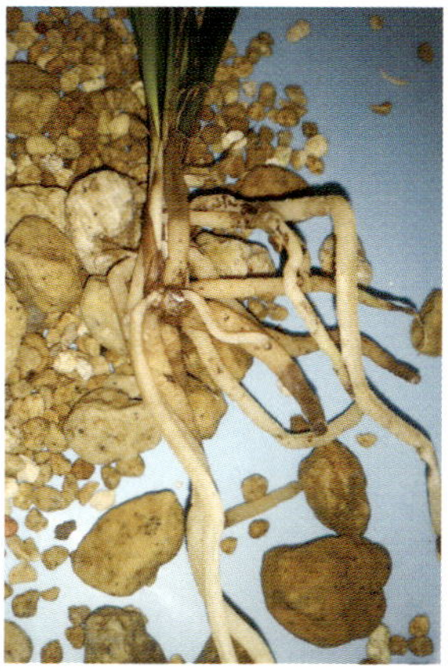
지역 : 거창 위치 : 단독주택 층수 : 1층 (난실) 방위 : 남서향 기간 : 2년 회원 : 설림			

배양조건	난실	난분	뿌리
지역 : 청도 위치 : 단독주택 층수 : 1층 방위 : 남향 기간 : 4년 회원 : 청산유곡/진주			
지역 : 대구 위치 : 아파트 층수 : 10층 방위 : 남동향 기간 : 2년 회원 : 벽루			
지역 : 대구 위치 : 아파트 층수 : 20층 방위 : 남서향 기간 : 2년 회원 : 노을			

배양조건	난실	난분	뿌리
지역 : 대구 위치 : 아파트 층수 : 18층 방위 : 남향 기간 : 1년 회원 : 버들			
지역 : 구미 위치 : 지상난실 층수 : 1층 방위 : 남향 기간 : 1년 회원 : 수량			
지역 : 대전 위치 : 아파트 층수 : 10층 방위 : 남향 기간 : 2년 회원 : 눌연불만			

배양조건	난실	난분	뿌리
지역 : 천안 위치 : 아파트 층수 : 10층 방위 : 남동향 기간 : 1년 회원 : 내주금화			
지역 : 원주 위치 : 아파트 층수 : 2층 방위 : 남향 기간 : 3년 회원 : 승빈			
지역 : 성남 위치 : 아파트 층수 : 13층 방위 : 남향 기간 : 1년 회원 : 인곡			

배양조건	난실	난분	뿌리
지역 : 서울 위치 : 지상난실 층수 : 1층 방위 : 동향 기간 : 2년 회원 : 나그네			
지역 : 서울 위치 : 아파트 층수 : 16층 방위 : 남향 기간 : 1년 회원 : 적설			
지역 : 인천 위치 : 사무실 층수 : 1층 방위 : 동향 기간 : 6개월 회원 : 여여			

배양조건	난실	난분	뿌리
지역 : 남양주 위치 : 아파트 층수 : 9층 방위 : 남서향 기간 : 2년 회원 : 연암			

INDEX

ㄴ

ㄷ

ㅊ

한국춘란의 신 배양법 **난산별곡**

발 행 일	• 2013년 5월 31일
저 자	• 난산별곡(청산에 우리난초)
발 행 자	• 최봉조
발 행 처	• 진샘미디어
주 소	• 서울시 은평구 역촌동 58-9 부호아파트 102동 상가 5호
전 화	• 02)353-4421
F A X	• 02)353-4431
Home-page	• www.jinsaem.co.kr
신 고 번 호	• 제311-2005-000025호
I S B N	• 978-89-92887-8 (03520)

정가 30,000원